여럿이 함께 하는 수업 이야기

선생님, **민주시민교육**이 뭐예요?

여럿이 함께 하는 수업 이야기

선생님,
민주시민교육이
뭐예요?

초판 1쇄 발행 2018년 2월 28일
초판 5쇄 발행 2021년 10월 15일

지은이 염경미
펴낸이 김승희
펴낸곳 도서출판 살림터

기획 정광일
편집 조현주
북디자인 꼬리별

인쇄·제본 (주)신화프린팅
종이 (주)명동지류

주소 서울시 양천구 목동동로 293, 22층 2215-1호
전화 02-3141-6553
팩스 02-3141-6555
출판등록 2008년 3월 18일 제313-1990-12호
이메일 gwang80@hanmail.net
블로그 http://blog.naver.com/dkffk1020

ISBN 979-11-5930-057-8 03370

이 도서의 국립중앙도서관 출판예정도서목록(CIP)은
서지정보유통지원시스템 홈페이지(http://seoji.nl.go.kr)와
국가자료공동목록시스템(http://www.nl.go.kr/kolisnet)에서 이용하실 수 있습니다.
(CIP제어번호: CIP2018005556)

여럿이 함께 하는 수업 이야기

선생님, **민주시민교육이** 뭐예요?

염경미 지음

나는 교직생활 22년을 맞이하는 중학교 사회 교사이다. 1985년에 대학에 입학하여 격동의 80년대를 온몸으로 겪은 1987 민주화운동 세대이기도 하다. 우여곡절이 없는 인생이 어디 있으랴마는 내가 교사가 된 것도 천지신명의 보살핌 덕분이라고 생각한다. 나는 1989년 2월 대학을 졸업하고 경북교육청에서 임용을 기다렸으나 1990년 10월에 물거품이 되었다. 왜냐하면 국립대 사범대 출신자를 국공립학교 교원으로 우선 임용하는 것은 사립대 사범대를 졸업하고 교원자격증을 딴 학생들과 비교할 때, 헌법이 보장한 기회균등의 원칙에 위배된다는 헌법재판소의 판결이 내려졌기 때문이다.

이 판결은 즉각 효력을 발생하여 미발령 대기자는 모두 무효가 되었다. 사대를 졸업하면 교사가 될 줄 알았던 내 인생은 8년이라는 세월을 지나 9년째 되는 해에 마침내 교원임용고시를 통해 학교에 나갈 수 있었다. 발령 초기 3, 4년은 그저 수업을 잘하는 교사가 되고 싶었다. "교사는 수업으로 말한다." 이것을 화두로 삼았다. 나는 다른 동료들이 꺼리는 공개수업도 자발적으로 하고, 학급 운영도 민주적으로 하려고 애를 썼다. 하지만 학생들은 자신의 삶과 유리된 지식 위주의 사회 수업은 어렵다고 털어놓았다. 그래도 알아듣는 몇 명의 학생들을 위하여 나는 보다 많은 지식과 정보를 주기 위해 한 시간 내내 열강을 했다. 그러나 시간이 지날수록 그것은 허무하고 재미가 없었다. 변화가 필요했다.

수업이란 교사와 학생 간의 호흡이고 장단이다. 교사의 일방적인 수업은 재미가 없는 게 분명하다는 것을 깨달았다. 학생활동 위주의 수업 설계가 필요했고, 나름대로 용기를 내어 다양한 수업 방법을 접목하여 수업을 전개하고자 애를 썼지만 한계가 있었다. 그것은 교과서라는 체계적 지식 내용을 첫 페이지부터 마지막 페이지까지 가르쳐야 한다는 강박감이 작용할 수밖에 없는 교육과정 때문이었다. 중간중간에 학생들은 시험을 쳐야 했고 그 수준에 맞게 진도를 나가야 했다. 그럭저럭 현실과 타협하며 학생들을 가르치는 일반적인 교사의 생활을 해나갔다.

그러다 보니 늘 채워지지 않는 갈증이 있었다. 어떻게 가르칠 것인가? 어떤 내용으로 재구성할 것인가? 혼자 힘으로는 어려운 일이었다. 돌파구를 찾은 것은 바로 전교조였다. 전교조는 노동조합이지만 가장 으뜸가는 기능은 바로 이런 갈증을 가진 교사들이 자발적으로 모여 공부하고 학교로 돌아가 실천하고 새로운 대안을 찾는 교사학습공동체 모임이다. 나는 그중에서 전국여성위원회 모임을 통해 성장했다. 수원 지역에서 매주 목요일, 일명 '여신모'라는 여신들의 모임을 만들어 여성학 공부를 시작했다. 이 모임은 주로 각 학교에서 일어나는 여러 가지 문제들을 의논하고 해결책을 서로 찾아갔다. 단순히 공부 모임으로 그치지 않고 사회적 실천을 함께 하는 동지를 만난 것이다. '최후의 식민지는 여성'이라는 말에서 알 수 있듯 성 평등을 이야기하자면 우리 사회에 존재하는 광범위한 차별과 억압의 구조를 보아야 하고 이는 보편적 인권문제로 확대되었다.

2010년부터 경기도인권교육연구회 활동을 시작하여 교사인권연수, 학생인권, 학부모인권교육을 하는 단계에 이르기까지 수많은 집단연수와 세미나 과정을 수행하는 자기연찬의 시간을 보냈다. 그러다 2013년 경기도교육청이 발행한 『더불어 사는 민주시민』 중학교 교과서 집필 팀장으로 참여했다. 교과서 집필 과정은 매우 어려운 고통이 따랐다. 민주시민이란 어떤 사람인가? 민주시민교육이란 무엇인가? 하는 원칙적인 문제에서 시작하여 거듭되는 집필진 회의와 토론을 통해 하나하나 만들어 가는 과정이었다. 이 과정에서 자연스럽게 경기도시민교육연구회가 만들어지고 전국으로 확대하여 학교시민교육전국네트워크가 형성되어 민주시민교육을 같이 연구하게 되었다. 전국의 많은 교사들이 관심을 가지고 참여하고 있으며 이는 다시 해마다 1월에 열리는 전교조 참교육실천대회에서 정보와 지식, 나아가 수업 실천 사례를 서로 나누며 공유하고 있다.

우리나라에서 처음으로 만들어진 민주시민 교과서이지만 필수 교육과정이 아니다 보니 제대로 활용하지 못하고 사장되는 경우를 보게 될 때마다 안타까웠다. 나는 집필자로서 민주시민교육을 일반화하는 데에 기여하는 사람이 되려고 노력했다. 이 과정에서 나의 앎과 삶이 일치하는 교육은 필수적이 되어야만 했다. 그러다 보니 자연스럽게 동료들과 민주시민교육과정으로 교과수업을 재구성하여 살아 있는 수업이 되도록 노력했다. 그중 최고의 경험은 바로 학교 내 교사학습공동체를 만들어 수행한 1년 동안의 민주시민교육과정 경험이었다.

내가 근무한 세마중학교는 2014년 당시에 혁신학교도, 혁신공감학교도 아닌 일반 학교였지만 그에 못지않은 교육과정을 운영할 수 있었던 것은 모두 동료들과 함께하는 집단지성의 힘이었다. 최고의 동료애를 발휘하며 운영할 수 있었다. 함께한다는 것은 그만큼 중요한 토대가 된다는 것을 온몸으로 경험했다. 혼자 열 발자국 앞서가기보다 조금 느리더라도 여럿이 함께 한 발자국씩 나아가는 것이 더 큰 기쁨을 주었다.

나는 2015년과 2016년 두 해에 걸쳐서 민주시민교육에 대한 학문적 접근을 할 기회를 얻었다. 학교에서 이루어지는 민주시민교육과정을 구체적으로 들여다보는 현장연구를 시작하였다. 그 과정에서 전국의 여러 중고등학교에서 민주시민교육을 수행하고 있는 12개 교과의 비사회과 교사 27명을 만날 수 있었다. 그분들은 사회과가 아닌 일반 교과임에도 불구하고 여럿이 함께 또는 교과에서 나 홀로 수업을 통해, 또는 창의적 체험활동을 통해 민주시민교육을 수행하고 있었다. 그분들의 민주시민교육 수행 양상을 더 많은 사람들과 공유함으로써 '아, 이렇게 하는 것이 민주시민교육이구나. 나도 해야겠다'는 생각을 하게 되는 교사가 한 명이라도 더 생긴다면 그것은 더할 나위 없이 의미 있는 작업이라고 생각한다.

세상은 변했다. 교과서 위주의 지식이 아닌 학생활동 중심의 교육과정으로 재구성하라 하고, 교사학습공동체를 운영하여 교사들끼리 서로 도움을 주고받으며 실질적인 수업혁신을 해야 한다. 전국의 시·도교육청의 교육정책도 민주시민교육을 표방하고 명시적으로 모든 교사들에게 민주시민교육을 실시할 것을 요구하고 있다. 자유학기제, 자유학기 연계학년제를 실시하고 학생 주도적 학습활동을 요청하고 있다. 하지만 오히려 현장 교사들이 우왕좌왕하는 형편이다. 어떻게 해야 하는지 구체적으로 알지 못하여 안타까워할 때 다양한 민주시민교육 사례를 담은 이 책이 도움이 되기를 바란다.

이 책은 크게 5부로 구성하였다. 1부에서는 민주시민교육을 할 수 있는 객관적인 변화, 학교와 민주시민교육에 대하여 간략히 살펴보았다. 2부에는 학교에서 민주시민교육을 실천하는 사람들의 이야기, 즉 민주시민교육을 수행하는 유인 요인에 대하여 인터뷰 내용을 분류하여 실었다. 3부에서는 구체적으로 실천하는 민주시민교육 수업 사례를 들고 있는데, 세마중학교의 배공실모 교사학습공동체에서 실천한 내용과 전국의 여러 교사들이 들려준 사례를 내용 중심으로 분류하여 묶었다. 4부에서는 창의적 체험활동을 통해 실천하는 민주시민교육 이야기를, 5부에서는 현재 새로 부임한 안산 시곡중학교에서 실천하는 민주시민교육 사례를 소개했다.

인터뷰를 인용한 내용이 나오는 이유는 더욱 생생하게 현장의 분위기와 뜻을 전달하고자 하는 의도를 담았기 때문이다. 지면의 한계로 개인적으로 수업과정이나 창의적 체험활동으로 전개하는 수많은 민주시민교육 사례를 다 담아내지 못하는 아쉬움이 크다. 또 형식적으로 구분했으나 수업과 창의적 체험활동은 서로 유기적으로 작동하고 있으며, 수업에서 담기 힘든 활동 중심 교육과정은 창의적 체험활동으로 전개하고, 창의적 체험활동에서 어려운 지식탐색 과정은 수업으로 이루어지는 상호 보완성이 있다. 교사들은 수업의 주제와 설계만 보아도 아하, 하는 재구성 능력을 지니고 있다. 그 힘을 믿기에 많은 부분을 과감히 생략하였다.

모쪼록 앞서 민주시민교육을 전개하는 다양한 사례들을 보시고 선생님들의 학교 사정과 학생들에게 맞게 창의적으로 재구성하여 학교현장에서 실천하는 데에 도움이 된다면 더없는 기쁨이 될 것이다.

이 책이 나오기까지 지지와 응원을 아끼지 않은 많은 분들께 진심으로 감사드린다. 민주시민교육의 방향을 함께 바라보며 이끌어 주는 김혜자·김원태 샘을 비롯한 학교시민교육전국네트워크의 선생님들, 2017년 시곡중학교에서 만나 민주시민교육의 길을 함께 걸어가는 장희엽 샘을 비롯한 많은 선생님들, 언제나 힘차게 연대하고 응원해 주는 김성애·황미선 샘을 비롯한 전국여성위 동지들, 모든 것을 인권의 관점에서 생각하는 안금옥 샘과 경기도인권교육연구회 사람들, 서로에게 무한 긍정 에너지를 전해 주는 세사랑(세마중에서 만난 사랑하는 사람들)의 배공실모 동지들, 원고를 찬찬히 보고 도움을 주신 오승훈·김희원·김복희 샘, 학교현장에서 민주시민교육을 실천하며 보람과 어려움을 이야기해 주신 여러 선생님들께 지면을 빌려서 존경과 감사의 마음을 담는다. 또 모름지기 민주적 리더의 품성과 역할을 배울 수 있는 모델이 되어 주신 지명숙·이중헌 샘께도 감사드린다. 끝으로 모든 열정을 쏟아붓고 소진상태로 집으로 돌아오는 사람을 언제나 기다려 주고 든든한 버팀목이 되어 주는 남편과 두 딸에게 사랑과 감사를 전하며….

2018년 2월

염경미

차례

머리말   5

1부   세상은 변하고 있다   17
    1장 민주주의 바람이 분다   19
    2장 2016년, 그해 겨울은 민주주의로 뜨거웠네   25
    3장 민주시민교육이 뭐야?   36
    4장 민주주의는 배워야 할 수 있어   41

2부   민주시민교육을 여는 사람들의 이야기   51
    1장 교육의 새로운 지평을 만나다   55
    2장 교사모임에서 함께 공부하다   60
    3장 사회적·집단적 경험에서 성장하다   69
    4장 전문가가 되다   77

3부   수업으로 실천하는 민주시민교육 이야기   81
    1장 사회적 논쟁 수업   83
    2장 보편적 가치 추구 수업   91
    3장 여럿이 함께 하는 사회참여 지향적 수업   111
    4장 프로젝트 수업으로 실천하는 민주시민교육   124

4부 창의적 체험활동과 민주시민 성장일기 137

    1장 자율활동으로 성장하는 민주시민 141

    2장 동아리활동으로 성장하는 민주시민 150

    3장 진로활동으로 성장하는 민주시민 161

    4장 봉사활동으로 성장하는 민주시민 168

5부 다시 학교에서 길을 찾다 177

    1장 교사의 하루 179

    2장 지역시민사회와 학교의 만남 186

    3장 '좌충우돌' 사회참여반, 민주주의 현장을 가다 191

    4장 갑론을박-왁자지껄 토론교실 214

    5장 길을 묻는 그대에게 220

    6장 이제는 민주시민교육이다 228

1부

세상은 변하고 있다

1장 민주주의 바람이 분다

2장 2016년, 그해 겨울은 민주주의로 뜨거웠네

3장 민주시민교육이 뭐야?

4장 민주주의는 배워야 할 수 있어

1장
민주주의 바람이 분다

1. 오래된 학교 풍경

대한민국 정부수립 이후 학교교육은 정권 유지와 안정을 위해 사용되어 민주적 사회문화를 만들지 못했다. 또 학교교육이 입시경쟁체제의 선발적 기능을 담당하는 도구가 되어 자본주의 사회의 출세도구로 이용되었다. 이러한 사회문화 속에서 교사 또한 민주시민교육을 받은 적이 없는 상태이므로 대부분 입시제도에서 요구되는 교과 지식을 주입식으로 가르치는 데 머물러 있었다. 소위 명문대 진학률이 곧 명문고의 기준이 되었고, 교장과 교사의 능력으로 간주되었기 때문에 입시체제에서 그 밖의 중요한 것들이 존재하는지도 모르고 살았다.

학교는 입시에서 성과를 올리기 위해 학생들에게 강제적인 보충수업과 야간자습을 묻지도 따지지도 않고 시켰다. 학교는 군대와 별반 다르지 않았고 교사는 이에 충실한 중대장과 같은 역할을 수행했다. 학생인권이 시행된 것도 6~7년에 불과하다. 동시대를 살지만 여전히 학생인권조례가 만들어지지 않은 시·도 교육청에서는 1970~1980년대와 다를 바 없는 학교문화를 견디고 있는 실정이다. 왜? 대학을 잘 가야 한다는 명분으로 인권이나 민주주의는 언제나 대학에 가서 찾으라는 말로 유보되었다.

학교에서는 현실적으로 교사가 학생보다 명백히 우위에 있다. 입시제도에 맞게 길들여진 것은 학생만이 아니다. 교사도 마찬가지이다. 학창 시절 공부를 잘하고 말 잘 듣는 착한 아이로 길들여진 대부분의 교사들은 공부만이 살 길이라고 생각하고 이에 적극 편승했다. 심지어 교실 앞 벽면에 붙은 급훈에 '대학 가서 미팅할래? 공장 가서 미싱할래?' 또는 '10분 더 공부하면 남편의 직업이 달라진다', '10분 더 공부하면 아내의 미모가 달라진다'라는 문구를 1년 동안 붙이고 그것을 보면서 학교에 다니는 아이들이 있었다. 우리 사회의 학력우선주의와 노동천시사상, 직업 차별, 외모 차별을 그대로 드러내고도 부끄러운 줄을 모르고 학생들을 자극했다.

뿐만 아니라 대부분의 교사들은 착한 사람 콤플렉스가 있는 편이다. "이거 해야 하는 일일까? 다른 방법은 없을까?"라는 합리적 의심을 할 여유를 갖지 못할 정도로 바쁜 일과를 보낸다. 계속되는 수업과 밀려오는 업무로 서로 의논하거나 생각할 새도 없이 일을 해치워야 한다. 교사는 수업이 주된 업무이다. 그러다 보니 수업이 진행되는 교실 안에서는 단독 선수이다. 교실 밖에서 이루어지는 일은 잡무라 하여 기계적으로 처리하고 교직원회의에서는 교장 선생님의 일방적인 전달과 지시를 받아 적기에 바빴다. 민주주의는 학교에 없었다. 대부분 학교의 오래된 풍경이다.

2. 그러나 변화는 시작되었다

학교에 변화의 바람이 불기 시작했다. 2011년부터 시행된 '경기도학생인권조례'가 바로 첫 바람이다. '학생도 사람이다'라는 각성으로 학생인권이 존중받는 학교를 만들자는 것이었다. '인권'이라는 말을 처음 접한 교사들이 더 어리둥절하고 갈팡질팡했다. 수직적 권력관계에서 '인권'이 침해될 수 있다는 것을 모른 체, 체벌 없이 학생들을 어떻게 대해야 할지 궁리하기도 했다. 사람이란 자기 경험의 한계를 뛰어넘기 어렵다. 먼저 교사의 인권 감수성을 높이기 위한 학습이 필요했다. 변화하는 학교 현실에서 주체적으로 나갈 수 있는 교사인권연수를 통해 학교에는 변화의 바람이 불기 시작했다.

이와 동시에 혁신학교운동이 교육계에 들불처럼 퍼져 나갔다. 혁신학교운동은 민주시민교육을 할 수 있는 기본적인 토대이다. 대한민국은 민주화를 거쳤지만 아직 민주주의의 사각지대가 많다. 대표적인 곳이 군대와 학교다. 학교의 비민주성을 수정해야만 했다. 이는 시대 변화와 공교육의 본질적 가치에 따른 학교현장의 민주성을 회복해야 하는 데서 비롯되었다. 일방적인 주입식 교육이 아니라 다방향적 논쟁식 교육, 민주적 학교문화의 정착, 학교의 자발성 강화, 교사들의 자존감 회복, 학교 주체들 간 관계의 회복과 공동체 형성, 교육과정 재구성을 통한 민주시민교육 등이 그것이다.

경기도교육청에서 시작한 혁신학교운동은 이제 전국적으로 확산되어 시대적 흐름이 되었다. 심지어 보수적인 성향이 강하다고 알려진 대구, 경북교육청에서도 혁신학교운동을 배우려는 연수가 몇 해째 계속

목적: 민주시민 육성

▲

창의적 교육과정
• 교육과정의 정상화·다양화
• 학생중심수업
• 교육과정 운영의 책무성

윤리적 생활공동체
• 존중과 배려의 교실 문화
• 안전한 학교 만들기
• 민주시민교육

혁신학교
민주성 / 윤리성
전문성 / 창의성

전문적 학습공동체
• 학교 조직의 학습 조직화
• 교육 과정의 공동 연구·실천
• 수업 개방과 성찰

민주적 학교 운영 체제
• 비전 공유와 책무성
• 교육활동 중심의 학교 시스템
• 리더십과 역동적 학교문화
• 지역사회 학교 구축

▲

지원체제 개선(교육청)	성장 지원·협력(지역사회, 전문가)
• 작은 학교·학급 조성 및 행정업무 경감	• 학교 성장 자문 지원
• 단위 학교 자율권 확대	• 자원봉사, 참여
• 우수 인력 지원 및 행정·재정 지원 확대	• 지자체 협력체제 구축
• 혁신학교 연수 및 혁신 리더 발굴과 양성	

혁신학교: 학교 혁신의 모델 학교(경기도교육청, 2015)

되고 있다. 현재 혁신학교는 '행복더하기학교', '무지개학교', '빛고을학교', '행복씨앗학교', '행복학교', '꿈나르미학교' 등 이름은 달리하지만 전국적으로 1,000여 개로 확대되면서 다양하고도 역동적인 모습을 보이고 있다. 혁신학교의 핵심은 기존의 입시중심 교육, 국가주도 교육개혁 정책이 갖는 한계를 극복하고자 하는 데 있다. 교육이 상명하달식 관행에서 벗어나 학생들의 삶과 앎의 일치를 위해 민주적으로 소통하고 협력하는 학교를 만들자는 운동이다.

　초기 혁신학교는 교사들의 자발적인 수업혁신과 학교장의 민주적 리더십의 성격이 강했고, 학교현장에 신선한 바람을 일으켰다. 이후 교육과정 재구성이나 학교 조직과 생활문화 전반에 이르기까지 새로운 변화를 확산시켰다. 이러한 운동적 흐름은 교사 개개인이 지속적으로 전개한 교육 실천 활동을 포함하여 대안학교의 흐름과 만나면서 그 효과가 높았다. 여기에다 학부모들과 일반 시민들의 적극적인 지지와 지원 운동으로 혁신학교가 더욱 건강하게 갈 수 있는 흐름을 만들었다. 혁신학교를 바라보는 학부모 입장에선 혁신학교에 다니는 아이들은 다양한 교육 프로그램과 학생 주도적 학습 경험으로 학교생활이 행복하고 학습 면에서도 자기주도적인 학습력을 키운다고 생각했다. 심지어 혁신학교가 공교육을 살리는 맹주로 떠오르면서 혁신학교 학군으로 이사를 가는 학부모들이 많아지자, 인근 지역의 아파트 가격이 오르는 기현상이 나타나기도 했다.

　우리나라 교육기본법 제2조 교육 이념에는 "교육은 홍익인간의 이념 아래 모든 국민으로 하여금 인격을 도야하고 자주적 생활능력과 민주시민으로서 필요한 자질을 갖추게 함으로써 인간다운 삶을 영위하게 하고 민주국가의 발전과 인류공영의 이상을 실현하는 데에 이바지하게 함을 목적으로 한다"라고 명시하고 있다. 2015개정교육과정 총론(교육부 2015)과 각론에서는 모든 교과의 기본 목표를 '민주시민 육성'으로 명시하여 모든 교사는 민주시민교육을 할 것을 요구한다. 이에 부응하여 2016년 4월 20일 '새로운 교육을 위한 선포식'에 14개 시·도 교육감들이 참석하여 한국 사회의 패러다임의 전환을 위해 교육의 질적인 발전 방향을 공동으로 연구하고 정책을 세워 나가자는 데에 합의했다. 여기에서 인간존중교육, 민주주의교육, 학생중심교육을 구체화하기 위한 '학교민주시민교육지원조례'를 제정하고 민주시민교육을 교육감의 책무로 명시했다.

선진적으로 경기도교육청(2014), 전북교육청(2016), 충북교육청(2016)에서는 '학교민주시민교육지원조례'를 제정하여 학교에서 민주시민교육을 구체적으로 구현하도록 지원하고 있다. 또한 다양한 내용과 형식의 계기수업 자료를 개발하거나, 경기도교육청의 경우, 『더불어 사는 민주시민』(장경훈 외 2013, 염경미 외 2013, 허진만 외 2013) 교과서를 보급하여 교과수업과 창의적 체험활동에 활용할 것을 권고하고 있다.

2장
2016년, 그해 겨울은 민주주의로 뜨거웠네

2016년, 많은 시민들이 박근혜·최순실에 의한 국정농단에 분노하여 촛불집회에 나서게 되었다. 2017년 3월 10일 11시 21분, 헌법재판소의 판결 "피청구인 대통령 박근혜를 파면한다"라는 주문이 울려 퍼지기까지 20여 회에 걸쳐 매 주말마다 광장은 민주주의 열기로 뜨거웠다. 여기에는 많은 교사와 학생들도 함께하였다. 광장에 나온 시민들은 대부분 학업과 생업에 시달리면서도 대한민국의 희망을 믿었던 소박한 시민들이었다. 그들은 박근혜·최순실의 국정농단을 더 이상 참을 수 없어서 한파를 뚫고 매주 주말마다 촛불을 들고 모였다. 어디서부터 무엇이 잘못되었는가를 찾았다. 학생들은 광장에서 발언하기 시작했다. 학생들은 평화로운 집회와 시위문화를 주도적으로 만들어 나갔고, 어른들의 불안을 잠재웠다. 6월 민주화운동을 직접 경험하거나 민주주의를 갈망하는 기성세대는 자녀를 데리고 역사의 현장을 찾았다. 4·19 세대인 팔순의 할아버지도 "그동안 우리가 어떻게 이루어 낸 민주주의인데, 하루아침에 물거품으로 만드느냐?"고 달려 나오셨다.

광화문 광장에서 인증 사진을 찍는 시민들의 모습. '크리스마스 최고의 선물은 박근혜 하야', '어린이에겐 선물을, 박근혜에겐 수갑을' 등과 같은 문구가 눈에 띄었다. 집회 광장을 축제로 만드는 청년, 학생들이 많아지면서 더욱 생기발랄하게 집회문화가 업그레이드되었다. 동창모임, 송년모임, 가족모임, 연인들, 친구들은 광화문 집회에 같이 참여한 후에 밤늦게 시작하는 1박 2일 모임들이 많아졌다.

시민들은 추위를 견딜 두툼한 옷을 입고 장갑과 목도리를 두르고 가방에는 핫팩이나 간식거리를 넣어 와서 옆자리에 앉은 생면부지의 시민들과 나누며 인사를 했다. 어떤 시민은 청소년·학생들은 주머니가 얇은 형편인데 추운 날씨에 배까지 고플까 염려하여 김밥이나 핫도그를 만들어 무료로 나누어 주기도 했다. 이토록 훈훈한 집회문화에 우리 스스로 자랑스럽고 대견했다. 그동안의 시위와 집회에 대한 선입견과 편견을 버리는 계기가 되었다. 돌아보면 민주화 세대의 집회와 시위 현장에는 최루탄과 화염병이 등장했다. 그러다 보니 시위와 집회에 참여하는 사람들을 과격하다거나 폭력적이라고 여겨 대부분의 사람들은 먼발치에서 그저 바라보는 정도에 머물렀다. 그러나 2016년 촛불집회는 학생들과 청년들이 집회문화를 발랄한 축제문화로 만들었다. 보통의 평범한 시민들이 집회에 참여할 수 있는 광장을 만들었다. 광장은 이제 누구에게나 열렸고 어떤 시민들도 참여할 수 있게 되었다.

1. 광장에서 만난 교사들의 이야기

광장에서 교사모임을 하면서 폭발적으로 쏟아져 나오는 이야기들을 들었다. 앳된 학생들의 분노에 찬 목소리, 청년들의 고통에 찬 울부짖음, 민주주의 제대로 하라고 외치는 팔순의 어르신, 유모차를 끌고 나온 젊은 부부에 이르기까지 그 광경을 바라보는 우리 교사들은 입을 다물 수가 없었다.

광장에 모인 교사모임(전교조여성위원회)에서 채○선 교사는 "우리 교육의 힘이야. 우리 교사들이 민주시민교육을 잘해서 학생들이 저렇게 발언도 잘하고 생각도 깊은 거지"라며 흐뭇해하기도 했다.

광장에서 갑론을박하며 광장민주주의에 대하여 이야기를 나누던 중 잊을 수 없는 한 토막을 소개하려 한다. 50대 십여 명이 모인 자리였는데 자유토론 시간이 되자, 한 사람이 말문을 트고 이렇게 제안하였다.

"30년 전으로 돌아가서 20대의 빛나는 청춘으로 되돌려 줄 터이니 그때로 돌아가고 싶은 사람은 손을 들고 왜 돌아가고 싶은지 이야기해 봅시다. 연애도 하고, 새로운 인생으로 다시 시작할 수 있는 기회를 드립니다."

그러자 잠시 주변이 웅성웅성했다. 나의 20대와 1980년대를 함께 되돌려 준다는 건지, 아니면 나만 20대로 돌아가서 2016년 현재를 사는 건지를 물었다. 20대의 청춘을 다시 돌려준다 해도 돌아가고 싶다는 교사는 한 사람도 없었다. 이유는 간단했다. 전자는 동시대로 돌아가는 것이라서 노땡큐였다. 왜냐면 다시는 군사독재의 암흑기로 돌아가고 싶지 않다는 거였다. 20대 청춘으로 다시 돌려준다 해도 그 시절로 다시 돌아가서 또다시 짱돌을 들고 군부독재를 몰아낼 생각을 하면 끔찍해서 민주화운동 시기를 같이 보낸 기억을 간직한 지금이 낫다고 했다.

후자의 경우에도 노땡큐였다. 청춘으로 돌아가 봤자 백수 될 게 뻔한데 차라리 지금이 더 낫다고 했다. 끝을 가늠하기 어려운 터널 속에 갇혀 허우적거리는 것 같은 학생들을 우리는 매일 만나고 있지 아니한가? 우리는 공부(국, 영, 수 중심의 입시공부) 열심히 해서 희망을 가지고 도전하라는 말을 들으며 산 세대이다. 그런데 이제는 어떻게 먹고살 것인가를 고민해야 할 상황이다 보니 훨씬 더 어려운 길이다. 그 위기감이 오죽하면 청춘을 돌려준다 해도 손사래를 치며 도망가려는 심정일까 싶다. 교사들의 집에도 10대 또는 20대의 자식이 있다. 이대로 불공정한 세상을 물려줄 수는 없어서, 우리의 아이들이 더 나은 세상에서 살기를 바라는 마음에서 교사들도 저마다 광장을 메우고 있었다.

2. 광장에서 만난 학생들의 이야기

대학수학능력시험이 끝나자마자 '수능 끝, 하야 시작'이라며 고3 학생들이 가세했고, 초·중·고 학생들이 부모님이나 친구들과 같이 광장으로 모이기 시작했다. 청소년들은 광화문 광장에서 토론마당을 따로 열고 자유롭게 자기주장을 펼쳤다.

우리도 시민이다

"수능을 마친 고등학생들이 대거 촛불집회에 참여하기 시작했습니다. 드디어 지방에서도 학생들이 십시일반 돈을 모아 버스를 대절하거나 기차나 버스를 타고 광화문 광장에 모였습니다. 청소년 토론마당을 따로 만들어 우리도 말을 하기 시작했어요. 열심히 공부만 한 우리들은 분노와 절망에 사로잡혔습니다. 교육 기회의 평등을 믿고 입시제도에 순응했던 대한민국의 학생들은 돈과 권력을 가지면 대학 입학은 식은 죽 먹기요, 출석하지 않아도 학점이 나오는 상상도 못 할 세상이 있다는 사실에 경악했습니다. 그래서 광장에 모이기 시작한 것입니다. 학생들이 배운 민주공화국이 아니라는 판단이 들었기 때문입니다. 시위와 집회는 시민의 자유권인데 이를 학생이라는 이유로 막아서도 안 되고 막을 수도 없는 겁니다."

대구광역시, 고등학교 김○영(2016년 12월 24일 면담에서)

18세 투표를 주장하는 우리들의 목소리

"투표권 연령을 낮춰야 한다는 우리들의 주장도 설득력을 얻고 공론화되기 시작했습니다. 투표권 확대 요구는 10여 년 전부터 선거 때마다 국회 앞 1인 시위, 청소년단체 성명서, 기자회견 등을 통해서 꾸준히 진행된 겁니다. 우리가 광장에 와서 발언을 해야 우리들에게 관심을 가지나요? 어른들은 선거철이나 청소년 발언이 필요할 때만 우리를 바라보죠. 우리도 똑같은 시민이고 국민입니다. 그래서 똑같이 분노하고 저항하는 겁니다. 10대들이 광장에서 목소리를 내는 게 처음 있는 일은 아닙니다. 참석자들 상당수가 박근혜 대통령의 국정농단이 불거지기 이전에 이미 세월호 추모집회, 수요집회, 국정교과서 반대집회 등에 참석한 경험을 가지고 있습니다. 최근에 벌어진 청소년의 집회 참가와 발언에 대해 일부 미디어가 '기특하다', '대견한 10대들'이라는 관점은 10대를 미성숙하고 보호받아야 할 대상으로 바라보고 동등한 시민이 아니라는 차별을 내포한 표현이라는 점에서 불편합니다."

충남, 고등학교 2학년 이○화(2016년 11월 12일 광화문 광장 청소년 토론마당에서)

3. 광장을 바라보는 교육청 이야기

촛불집회 참가를 이유로 학생을 징계하지 말라

경기도교육청은 광화문 촛불집회를 이틀 앞둔 2016년 11월 10일, 학생들의 의사표현 권리를 보장해 주라는 내용의 '학생시국선언 관련 의사표현·단체행동에 관한 협조' 공문을 도내 모든 초·중·고교에 보냈다. 공문에서 학생의 의사표현 행위 자체를 이유로 경고나 징계하는 것은 지양하고, 의사표현 절차와 방법에 대한 인권교육을 실시하라고 밝혔다. 공문은 또 법령과 국가인권위 결정에 반하는 학교규정을 적용하는 것은 지양하라고 당부하면서 기존의 국가인권위가 결정한 사례와 경기도 학생인권옹호관의 시정 권고 사례를 참고 자료로 함께 보냈다.

경기도교육청이 근거로 든 법조항은 '초·중등교육법 제18조 4항'과 '경기도학생인권조례 제16조'이다. 학교에서 촛불집회에 참여했다는 이유로 학생을 징계하는 일이 없도록 교육청이 한 발 앞서 공문으로 협조를 요청하는 모양새이다. 즉 공식적으로 "집회 및 시위의 자유는 헌법이 보장한 기본권이므로 학생이라는 이유로 이를 제한할 수 없다"라고 밝히고 있다.

경기도교육청이 내린 '학생들의 집회 참가 또는 시국선언을 이유로 징계를 하지 말라'는 공문은 다른 시·도 교육청으로 퍼져 나갔다. 여전히 학교생활규정에는 시위와 집회 참가를 이유로 징계를 하는 조항이 있기 때문에 이러한 갈등 상황을 예방한 것이다. 연인원 1,700만 명이 운집했다는 촛불집회에 단지 학생이라는 이유만으로 자제를 요구할 수 없는 상황이었다. 이에 충북 교육감의 기자회견 일부를 소개한다.

"시국이 어지럽고 어수선한 가운데 촛불집회가 주말마다 이어지고 있다. 우리 지역에서도 연일 집회가 열리는데 학생들이 가족들과 함께 참여하는 것 같다. 적절성 여부나 아이들 안전 문제와 관련해 염려가 있는데, 국민이면 누구나 참여할 수 있는 집회에서 의사를 표현하는 것이 징계와 처벌 대상이 된다거나 막을 근거는 없다. 다만 어린 학생들의 사회적 발언이나 의사표현이 적절하냐에 대한 우려는 있을 수 있는데, 그것도 학습의 과정이기 때문에 교육적 견지에서 바라보고 안내할 필요가 있다. 집회 현장에서도 학생들이 기대 이상의 아주 성숙한 모습을 보인다는 것이 놀랍다. 일부 격하게 행동하는 어른들에게는 또박또박한 목소리로 '그러면 안 된다'는 얘기까지 한다고 한다. 아이들 보호 차원에서 일부 교육청처럼 집회 현장에 장학사 파견을 검토해 주고, 또 학내에도 온라인뿐 아니라 오프라인상의 게시 공간을 마련해 두어 아이들의 정당한 의사표현을 교육적 견지에서 이끌어 줄 필요가 있다."

2016년 11월 21일 연합뉴스

서울시와 서울시교육청의 광장 도우미 역할

한편 서울시교육청은 광화문 일대에 보건교사를 배치하여 혹시 다칠지도 모르는 상황에 대처했고, 집회 현장에 장학사들을 배치하여 학생 안전을 도모했다. 서울시에서는 수백만 명의 시민들의 편의를 위해 화장실 사용 안내를 전광판을 통해 알리며 광장에 이웃한 건물의 시설을 제공했다. 서울시와 서울시교육청의 이러한 모습에 집회 참가자들은 스스로 주변 정리를 했고, 안전한 집회를 위해 애쓰는 모습을 보였다. 시민들과 공공기관이 같은 마음이 되거나 적어도 시민들의 요구를 헤아릴 줄 아는 공공기관이 되면 세상이 바뀌는 데에 따른 혼란을 막을 수 있다는 걸 보여 주었다. 광화문 집회 현장에 가 본 사람들은 스스로 감탄했다. 수백만 명의 시민들이 운집한 집회 현장의 질서정연하고 평화로운 시위 모습에 대한민국 시민문화의 성숙함을 스스로 확인했다.

4. 광장에서 만난 청년들의 이야기

우리 청년들도 정치에 관심 있다

일반적으로 청년층은 중장년층에 비해 정치에 무관심해 선거에서 표의 영향력이 작고, 이에 따라 정책의 우선순위에서도 뒤로 밀리는 것으로 알려져 있다. 그러나 촛불집회에서 드러난 것처럼 청년들이 정치에 무관심하다는 것은 편견일 뿐이라고 청년들은 항변했다. 실제 청년들은 인터넷과 소셜네트워크서비스(SNS)를 통해 정치 관련 정보를 주고받으며 촉각을 세우고 있다. 그들은 정치에 관심을 가지고 그들의 방식으로 소통하고 있었다.

"돈도 실력이야. 능력이 없으면 너희 부모를 원망해"라는 최순실의 딸 정유라의 말이 청년들의 분노에 기름을 부었다. 촛불집회 정서의 바닥에는 '수저계급론'이나 '헬조선', 'n포 세대' 등으로 요약되는 청년 세대의 불만이 가득 차 있었다. 이를 어떻게 해결할 것인가를 도모하지 않으면 대한민국은 희망이 없다. 공정하지 못한 사회라서 애당초 정당한 기회조차 가질 수 없는 나라, 부모의 능력에 따라 모든 것이 결정되는 나라, 가능하다면 떠나고 싶은 나라, 직장·연애·결혼·자녀·노후 등그 어떤 것도 누릴 수 없어서 포기할 수밖에 없는 나라에서 청년들은 분노와 절망에 사로잡혀 있다. 그러한 이유로 더더욱 정치에 관심이 있다. 정치적으로 해결해야 할 문제가 산더미처럼 쌓여 있다는 것을 알고 있다고 항변했다.

집회에 나오고 싶어도 못 나오는 청년들이 있다

청년 내부에도 다양한 집단이 각자의 문제를 겪고 있다. 특히 이들은 1990년대 이후 출생한 세대들로 국제통화기금(IMF) 외환위기 이후부모의 실직이나 가정의 해체를 겪으며 자란 청년들도 있다. 사회복지가 미비한 상황에서 사적 보호 울타리인 가정이 무너지거나 실업상태가 되면 중간층도 한순간에 빈곤의 나락으로 떨어질 수 있다는 위기를 경험한 세대다. 외환위기 트라우마를 집단적으로 겪은 것이다.

생계를 위해 알바를 하거나 일터에 있어서 광장에 나오고 싶어도 나오지 못하는 청년들이 있다. 그중에서도 학생들은 수업이 없는 주말과

방학을 이용하여 아르바이트를 몰아서 하며 생활비와 학비를 벌고 있는 경우가 많다. 정치에 무관심해서가 아니라 불완전한 미래와 당장의 생계를 이어 가느라 주말에도 시간을 내지 못하는 경우가 많다.

내 삶을 좌지우지하는 정책 결정은 누가 하나?

2017년 2월 7일 서울 유네스코 회관에 모인 100여 명의 청년들은 자유로운 토론회를 가졌다. 그들은 촛불 이후 청년의 삶을 바꾸기 위해 가장 먼저 해결되어야 할 과제로 대부분 취업, 최저임금, 주거, 등록금, 여가, 안정적인 삶의 보장 등에 대한 의견을 제시했다. 하지만 눈에 띄는 의견들도 있었다. '나만 잘 살면 된다는 생각보다는 우리 사회에 대한 관심을 가져야 한다', '사람은 일, 놀이, 사랑, 연대하기 위한 존재이다', '고등교육환경의 개혁', '선거권 확대', '공명정대한 사회' 등의 의견을 들 수 있다. 이어서 청년들은 기성 정치권은 여야를 막론하고 선거철에만 청년 세대를 이용할 뿐 실제 그들의 의견을 반영하지도, 정치적 대표자로 성장할 기회를 주지도 않는다고 비판했다. 정부도 마찬가지이다. 공공기관에서 앞장서서 최저임금만을 주는 인턴이나 계약직을 고용한다. 정부가 청년을 위한 부처를 설치하는 등 실질적인 노력을 기울여야 함에도 불구하고 청년 문제 해결을 위한 공적 의사결정 과정에 청년은 배제하고 있다.

2017년 5월 9일, 만 19세 미만이라는 이유로 대한민국 제19대 대통령 선거에 참여할 수 없었던 청소년들이 있었다. 그들은 모바일 선거를 통해 '청소년이 뽑은 대통령'이라는 이슈를 만들었다. 그 결과 선거권을 갖지 못한 만 19세 이하의 청소년들이 모바일로 뽑은 대통령은 문재인 후보였다. 그런데 놀랍게도 2위는 정의당 심상정 후보였다. 청소년들이 선거 과정에서 가장 크게 주목한 것은 '최저임금, 당장 1만 원 보장'이라는 정의당의 주장이었다. 학생들과 청년들이 정의당에 관심을 갖게 되는 것은 당연해 보였다. 그저 그런 구호에 그치는 정당의 정치 문구와는 달리 내 삶과 가장 직결된 임금 인상을 들고 있기 때문일 것이다. 정치권은 이제 더 이상 청소년 정책 개발을 하지 않을 수 없다. 이들이 목소리를 내기 시작했고 곧 선거권을 갖는 시민이기 때문이다.

3장
민주시민교육이 뭐야?

1. 민주시민교육이 뭐야?

이 책에서 지칭하는 민주시민교육은 그 범위를 학교에서 이루어지는 교육과정으로 한정하고, 교육의 주체는 모든 교사이며 학생을 대상으로 이루어지는 교육활동으로 제한한다. 따라서 학교민주시민교육에 맞게 재구성하여 민주시민교육이란 "학교교육과정에서 교사가 목적의식적으로 교과수업과 창의적 체험활동, 나아가 학교문화를 포함한 잠재적 교육과정을 통해 학생들이 민주주의에 대한 신념을 기초로 더 나은 민주사회를 지향하는 시민으로 성장하는 데에 필요한 지식, 가치와 태도, 참여와 실천의 영역을 배우고 익혀 학생들로 하여금 공동체의 의사결정 과정에 참여하고, 일상생활에서 민주주의를 실천하여 정치에 대한 긍정적 효능감을 높이도록 하는 교육이다"[1]라고 정의한다.

---

1. 염경미(2017), 「비사회과 교사들이 수행하는 민주시민교육 양상에 관한 연구」, 한국교원대학교 석사학위논문.

교사라면 당연히 민주시민교육을 구현함으로써 「교육기본법」상의 교육 이념인 '민주시민으로서의 기본적인 자질을 육성'하는 일을 목적으로 할 것이다. 나아가 학생들이 「대한민국 헌법」에 따른 '인간으로서의 존엄과 가치를 가지며 행복을 추구할 권리'를 보장받게 하여 그들이 민주공화국의 주인임을 깨닫고 국가사회의 발전에 이바지할 수 있는 시민이 될 수 있도록 도울 것이다.

2. 민주시민교육이 뒤뚱거리는 이유

민주시민교육을 한다는 것이 소수 교사의 관심사로 이해되거나 어떤 경우에는 '의식화 교육'으로 매도되어 징계를 당하거나 징계의 위험을 감수하기도 했다. 이러한 측면이 보고된 「한국 사회의 민주시민교육의 실태에 대한 연구」(홍윤기 외; 2008) 결과는 학교현장을 그대로 반영하고 있다. 한국 사회는 민주화 이후 민주주의의 발전에도 불구하고 정치권은 여전히 이념적 잣대로 교육을 보려고 하는 경향이 있다. 학교현장에서는 이데올로기적 공세로 5·18민주화운동 계기수업마저도 저지당하는 현실이었다. 즉 적극적으로 민주시민교육을 하려면 교사의 신변에 닥칠 위험을 감수할 각오를 해야 했으므로 실행하기가 쉽지 않았다.

당신, 종북이야? 빨갱이야?

"5·18기념재단에서 5·18 교과서를 만들어 전국 학교에 배포했어요. 5·18

당시 광주에서 직접 시위에 참여한 시민으로 지금도 5·18광주민주화운동을 제대로 알리는 일을 하고 있는 시민활동가를 초청하여 계기교육을 하려고 했습니다. 그런 분을 직접 만나서 이야기 듣고, 질문도 하는 시간을 갖고자 했는데, 학교장은 허락하지 않았어요. 왜냐고요? '학교라는 공식 기관에서 어떻게 5·18을 이야기할 수 있느냐?'라고 했어요. 5·18은 엄연히 우리 역사의 한 사건이고 진실을 알아야 하는 일인데도 그걸 꺼내면 '당신 종북이냐? 빨갱이야?'라고 공격을 합니다. 5·18광주민주화운동이 우리나라의 민주주의 역사로 인정되어 5·18국립묘지도 만들어져서 해마다 국가행사로 그분들의 넋을 추모하고 있는 오늘날에도 한편에서는 여전히 이념적 공세로, 5·18 유족들과 광주시민들은 집단적 트라우마에 시달리고 상처를 받습니다. 역사적 진실마저도 무조건 덮자는 것이 보수 진영이 내세우는 교육의 정치적 중립입니다. 이데올로기 공세로 마녀사냥을 하듯 몰아세우는 데에는 당할 장사가 없는 것 같아 안타깝기만 했습니다."

익산시, 고○주(2016년 7월 12일 면담에서)

민주시민교육이 뒤뚱거리는 또 하나의 이유는 '닥치고 대학'이다. 바로 대학입시체제 때문이다. 무조건 대학을 잘 보내는 일이 고등학교의 존재이유가 되었다. 이러한 파행적인 교육과정이 그야말로 공고하게 되면서 민주시민교육은 그동안 접근조차 쉽지 않았다. 대학 서열화로 이어지는 입시 위주의 교육이 민주시민교육이 설 자리를 어떻게 앗아 가는지 그 생생한 이야기를 차례로 들어 보자.

SKY 명문대 진학에 맞춘 교과 영역 지키기

"동료 교사들과 같이 민주시민교육을 수행하는 것이 가장 효과적인데 인문계 고등학교는 자기 교과 영역을 넘어서려고 하질 않아요. 교과 영역에서 경계가 분명합니다. 소위 SKY 대학에 몇 명을 보내느냐 하는 관점으로 학교를 바라보죠. 저는 경험상 입시로부터 그나마 자유로운 특성화고등학교에 근무할 때에 훨씬 마음 편하게 민주시민교육을 할 수 있었어요. 망국적인 대학 서열화로 온 국민이 소위 SKY 대학에 자식을 입학시키려는 욕망에 사로잡히게 되었어요. 그것은 고성장 시대에 수직적 신분 상승이 가능하다는 것을 직접 경험한 부모들의 자연스러운 선택이기도 했습니다."

괴산시, 원○혁(2016년 7월 26일 면담에서)

지금 하는 거, 수능에 나와요?

"어느 날, 한 여학생이 '영어 시간에 왜 대학입시에 나오는 시험 준비를 안 하고 다른 이야기를 하느냐'고 하더군요. 영어 시간에 영어로 된 책을 읽고, 그 내용을 이해하여 영어 말하기 과정을 통해 영어를 배우는 데도 그 내용이 제주도 4·3항쟁이나 5·18광주민주화운동을 다루니까 그렇게 항의하는 학생이 있더군요. 그런 내용은 대학입시에는 안 나온다고 생각한 겁니다. 영어를 배우는 궁극적인 이유는 세계시민으로서 언어적인 소통 능력을 키우는 과정으로 우리 역사나 현재 논쟁 중인 문제에 대해서 알고 자기 생각을 가져야 표현할 수 있는 것인데, 대학입시가 무엇인지 수단이 오히려 목적을 뒤엎은 것이죠."

수원시, 정○석(2016년 7월 12일 면담에서)

입시에 맞추어진 고등학교의 시계

"민주시민교육을 같이 하자고 제가 매년 동료들에게 제안하거든요. 그러면 아예 쓸데없는 짓 하지 말고 자습시키라거나, 수능 과목 아니니까 그런 속편한 소리 한다는 핀잔을 많이 들었어요. 민주시민교육 운운하지 말고 네가 맡은 학생들 좋은 대학 보낼 궁리나 하라고 노골적으로 말하던 교장도 있었어요. 인문계 고등학교의 시계는 오직 대학입시에 맞추어서 돌아가거든요. 학생중심활동으로 사전 준비도 해야 하는데 그때마다 입시에 도움이 되느냐로 비판을 하면 우리 학생들을 암기식 지식 위주의 공부하는 기계로 만들자는 거지요. 그러다가 수능이 끝나면 아이들은 집단적 공황상태가 됩니다. 학교에서는 적절한 교육 프로그램도 없이 시간만 때웁니다. 왜냐하면 모든 것이 입시에 맞추어서 돌아가던 고등학교의 시계가 수능을 정점으로 멈추어 버렸기 때문입니다. 그동안 우리 사회가 공부만 잘하면 모든 것이 용서되고 더 좋은 지위와 직업을 보장한다는데 갑자기 시민교육을 한다 한들 뜬금없는 소리가 됩니다. 이러한 입시교육체제를 근본적으로 바꾸어야 시민교육도 건강하게 제자리를 찾으리라고 생각합니다. 그동안 입시에 가려서 배울 기회조차 없었던 민주시민교육을 회복해야 합니다."

청주시, 나○정(2016년 7월 7일 면담에서)

4장
민주주의는 배워야 할 수 있어

　닭의 모가지를 비틀어도 새벽은 오듯 세상은 변하기 마련이다. 2016년 마침내 분노한 시민들이 광화문 광장을 메우고 촛불을 들었다. 어떻게 만들어 온 대한민국인데, 어떻게 성장해 온 민주주의인데, 얼마나 많은 인고의 노동을 바쳐 온 세상인데, 박근혜·최순실 등의 국정농단으로 하루아침에 독재 시대로 되돌아가도록 버려둘 수는 없었다. 이에 더 이상 묵과하지 않겠다는 시민들의 분노가 폭발하였다. 역사에서 저절로 이루어진 것은 하나도 없다. 불평등한 사회제도와 부정부패에 목숨 걸고 싸워 온 투쟁의 역사였다. 외세 침탈과 부패한 관리의 횡포에 맞선 동학농민혁명, 개인적 삶을 버리고 오직 조국의 독립을 위해 살다 가신 일제강점기 독립운동가들의 투쟁, 이승만 독재와 부정선거에 맞서 싸운 4·19혁명, 유신독재에 맞서 민주주의를 외친 수많은 사람들, 또다시 등장한 군사정권의 군홧발에 맞서 목숨 바친 5월 광주의 시민들, 광주항쟁의 진상을 밝히기 위해 1980년대를 오롯이 채운 숱한 폭로와 죽음, 그리고 마침내 온 국민이 참여한 6월 항쟁에 이르기까지 민주주의 역사를 이어 왔다.

1987년 6월 항쟁 이후 우리나라는 절차적 민주주의, 제도와 법의 정비를 통한 형식적 민주주의는 이루었다. 그러나 민주화 이후 실질적 민주주의를 이루지 못한 채 오늘에 이르렀다. 이제 실질적 민주주의가 바로 우리의 과제이다. 실질적 민주주의는 일상의 삶에서 시민들이 만들어 내야 한다. 인류 역사 이래 가장 좋은 제도라는 민주주의, 민주주의를 표방하지 않는 나라는 지구상에 없다. 그렇다면 민주주의를 어떻게 이룰 것인가? 그것은 교육을 통해서만 가능하다. 배우지 않고는 습득할 수 없는 것이 바로 민주시민성이다.

1. 왜 민주시민교육이야?

한국 사회는 1987년 민주화운동 이후 선거를 통해서 물리적인 폭력 없이 정권교체가 이루어졌다. 87년 민주화 이후부터 민주주의가 공고화되면서 제도적·절차적 민주주의로 이행하였다. 즉 각종 법률의 제·개정을 통해 형식적이나마 독재 시대의 잔존을 없애기 위한 제도를 갖추었다. 그러나 우리 안의 빈부격차, 임금격차, 성 차별, 외국인을 바라보는 다중적 잣대, 사회적 약자에 대한 혐오적 시선 등 의식과 문화 면에서 여전히 반인권적이고 비민주적인 양상이 심각하다. 학교폭력이 늘어나고 청소년 범죄도 심각한 수준에 도달하였다. 왜 이러한 사회 현상이 일어나는가를 깊이 성찰해야 할 때이다.

우리에게는 오랫동안 정치사회적으로 가난에서 벗어나려는 경제적 성장이 최우선 과업이었다. 그 과정에서 경제적 보상이라는 욕망이 그

밖의 모든 중요한 가치를 집어삼키고 말았다. 치열한 경쟁, 승자독식 구조의 용인, 성공도 실패도 개인의 몫으로 돌리며 경제적 보상으로 사람의 등급을 매기는 사회가 되었다. 함께 사는 세상, 함께 만들어 가는 공동체를 잊고 지내다 보니 민주주의 사회의 주인으로서 민주시민이 가져야 할 기본적인 가치와 태도 및 참여와 실천의 덕목을 가르치고 배우지 못했다. 그런 탓에 우리의 일상생활에 자연스럽게 스며드는 실질적 민주주의를 구현하지 못했다. 마치 민주주의는 교과서에 있거나 국회에 있는 것처럼 말이다.

이것을 바로잡으려는 노력이 바로 실질적 민주주의를 구현하기 위한 민주시민교육이다. 이를 위해서 어려서부터 성년기에 이르기까지 평생을 두고 지속적으로 민주주의를 학습하고 실천할 수 있는 민주시민교육이 진행되어야 한다. 정치적 민주주의 실현과 더불어 사회·경제·문화적 민주주의를 시민들의 참여로 이루어 나가야 한다. 그러기 위해서는 무엇이 민주적인가? 민주주의란 무엇인가? 우리는 민주주의를 열어 가는 시민인가를 끊임없이 되물어야 할 것이다. 민주시민교육을 한마디로 정의하기는 어렵다. 시대와 환경에 따라 변하기도 하고 사람마다 민주주의에 대한 견해가 다르기도 하다. 초기 연구자들은 민주시민교육의 개념을 주로 민주주의 체제의 정치적 안정과 통합, 효율성 등 정치사회화에 중점을 두었다. 하지만 점차 이를 포함하여 일상생활의 원리로서 민주주의를 강조하는 생활 전체의 영역으로 확대되어 간다. 이러한 변화가 바로 사회과 중심의 정치지식교육에 머물던 민주시민교육을 모든 교과와 창의적 체험활동 영역으로 민주시민교육이 확대되어야 한다는 주장과 맥을 같이한다고 볼 수 있다.

2. 학교 현실과 민주시민교육

그동안 대부분의 교사는 민주시민교육에 대하여 별다른 의식 없이 지냈다. 학교현장에서 민주시민교육은 사회과에서 하는 것으로 알고 있거나 마치 사회과의 전유물처럼 여겨지기도 했다. 이렇게 된 데에는 여러 가지 이유가 있을 것이다. 그중에서 교과의 분절적 구성이 큰 몫을 한다. 대체로 교사들은 각자 자기 교과수업을 교과서에 준하여 충실하게 할 뿐이다. 그러다 보니 민주시민교육의 학습 요소를 갖고 있지 않은 일반 교과에서 관심을 가지고 접근하기란 쉽지 않은 일이다. 그렇다고 해서 특별히 민주시민교육을 하는 교사에게 주어지는 긍정적 유인 요인이 있는 것도 아니었다. 가산점이나 인센티브는 고사하고 오히려 좌경, 용공으로 몰려 이데올로기 논쟁으로 빠질 위험이 많았다. 따라서 민주시민교육이 곧 좌경, 종북, 빨갱이 교육 등 이념논쟁으로 내몰리던 집단적 경험은 교사로 하여금 자기 검열을 강화하게 만들었다. 교사는 스스로 자기 검열을 통해 위험부담이 있는 민주시민교육은 의도적으로 배제하고 전공 교과의 지식 위주 수업에 안주하였다. 그렇게 학교교육은 개인적이고 분절적으로 다가갔고, 민주정치제도와 민주주의 이념 등의 지식은 우리 사회의 현실적인 삶과 일치하지 않는 경우가 대부분이었다.

3. 뭘 가르칠 건데?

민주시민교육에서 무엇을 가르칠 것인가 하는 부분은 예민한 문제이다. 헌법학자들은 "민주시민교육 내용을 둘러싼 논쟁 문제를 합리적으로 해결하기 위하여 헌법을 기준으로 하자"[2]고 주장한다. 나아가 헌법 제31조에 근거하여 "모든 학생은 교육받을 권리로서 민주국가에 필요한 자각과 식견을 배양하는 민주시민교육을 학교교육과정에서 받을 권리가 있고 학교는 이를 제공할 의무가 있다"[3]고 주장한다. 학교교육과정에서 수행하는 민주시민교육임을 감안하여 경기도교육청, 전북교육청, 충북교육청에서 제정하여 시행하는 학교민주시민교육지원조례를 참고하여 추출한 공통된 요소는 다음의 표와 같다.

학생들이 성숙한 비판 능력과 자립적인 견해를 가질 수 있도록 민주시민교육은 학습자의 자유로운 토론과 참여가 이루어져야 하며, 학생 누구에게나 민주시민교육에 대한 보편적 학습 기회를 보장해야 한다. 이러한 민주시민교육과정을 통해 학생들은 민주시민이 알아야 할 기본적인 지식과 정보, 함께 지니고 향유해야 할 가치와 태도, 민주적인 사회를 만들어 나갈 때 필요한 역량이나 기술을 함양하게 된다.

정치적 중립성이란 학생들이 현실 정치의 문제를 다루지 못하도록 하는 것이 아니라 비판적 사고력에 기초해 자립적인 자신의 견해를 가질 수 있도록 교사가 중립적 입장에서 안내하는 것을 말한다. 그러기

---

2. 강경선(2012), 「헌법과 민주시민교육의 방향」, 『민주법학』 50, 305-341.
   오동석(2011), 「학교에서 헌법실천교육의 의의와 과제」, 『법과 인권교육 연구』 4(2), 37-51.
   홍석노(2015), 「입헌주의 내면화를 위한 한국 민주시민교육의 현황과 과제」, 『헌법연구』 2(1), 96-126.
3. 앞의 책.

첫째, 대한민국 헌법 및 국제 규약에서 보장하는 보편적 인권과 민주주의의 기본 원리

둘째, 국가 및 지방자치단체의 민주정치제도에 대한 지식과 정보, 나아가 정치참여의 방법에 대한 제반 교육

셋째, 지역, 국가, 세계 등 생활 영역에서 제기되는 공적 쟁점과 정책에 대한 이해와 의견 정립을 위한 교육

넷째, 시민의 권리와 의무, 사회참여와 공동체에 대한 책임, 의사소통 능력의 신장, 민주적 의사결정 과정과 이에 따른 갈등 조절 능력, 사회적 문제 해결 등 정치적 역량과 자질 함양에 관한 교육

다섯째, 자유, 정의, 공정, 배려, 나눔, 연대, 평등, 평화, 안전, 투명, 다양성에 대한 존중 등 인류가 추구해야 할 보편적 가치에 관한 교육

위해서 민주시민교육의 자율성은 최대한 보장되어야 하며 국가나 지방자치단체 또는 사회단체나 개인 등이 특정의 교육 내용을 강제하거나 금지할 수 없어야 한다. 이는 독일 정치교육의 보이텔스바흐 협약에서 제시하는 민주시민교육의 원칙과 일치한다.

보이텔스바흐 협약[4]

1. 강요와 주입 금지의 원칙
: 학생에게 특정의 견해를 강제로 주입하려 해서는 안 된다. 학생 스스로 토론과 비판을 통해 자기 자신의 고유한 견해를 만들어 가도록 도와야 한다.

2. 논쟁성의 원칙

: 학문 영역과 사회 영역에서 발생하는 논쟁들은 학교 수업에서도 논쟁적으로 다루어져야 한다. 대립적 관점이 존중되고 억압받지 않아야 특정 이념이나 주장에 맹목적으로 따르지 않는다.

3. 학습자 이익 상관성의 원칙

: 학생 스스로 사회적 상황과 자신의 관심과 입장을 분석하여 정치적 과정에 참여하게 한다. 자신의 이해관계가 놓인 상황을 분석할 수 있어야 장기적으로 구성원 모두가 공감하는 공동의 관심으로 수렴될 수 있다.

4. 누가 가르칠 거야?

모든 교사는 민주시민교육의 담당자가 되어야 한다. 그동안 대부분의 교사는 학교교육과정에서 민주시민교육은 일반적으로 사회과에서 한다고 생각해 왔다. 그러나 단순히 정치지식교육 수준을 넘어서는 일상생활에서의 민주시민교육을 해야 하는 시점이다. 그 구체적인 과정으로 다양한 내용과 형식의 계기수업 자료를 개발하거나, 『더불어 사는 민주시민』[5] 교과서를 보급하여 교과수업과 창의적 체험활동에 활용하고 있다. 이 책은 학교 급별로 또는 학교의 유형에 따라 다양하고 구체적인 교육과정이 디자인될 수 있을 것으로 예측했으나, 실제로는

---

4. 전미혜 옮김(2009), 『보이텔스바흐 협약은 충분한가?』, 민주화운동기념사업회.
5. 염경미 외 2013(중학교용), 장경훈 외, 2013(초등용), 허진만 외 2013(고등학교용), 경기도교육청 인정 교과서, 경기도교육청.

적극적인 민주시민교육이 실행되지 않는 실정이다.

모든 교사는 민주시민교육의 담당자로서 교육활동을 해야 한다는 인식이 자연스러워져야 한다. 특히 민주화 이후 민주주의 과정을 거치면서도 여전히 젊은 청년층의 낮은 투표율과 정치적 무관심, 청소년들의 낮은 공동체의식을 지적한다. 이에 각계각층에서는 학교교육과정에서 보다 체계적이고 지속적인 민주시민교육이 적극적으로 실현되어야 한다고 주장하고 있다.

민주주의는 정치뿐만 아니라 일상생활의 원리로 작동해야 하므로 교과수업과 교과 외 교육활동 전체에서 학습할 수 있도록 교육 환경을 만들어야 한다. 즉 사회과만 민주시민교육을 담당하는 것은 한계가 있으며 모든 교과가 민주시민교육을 담당해야 한다는 주장[6]을 뒷받침한다. 이는 교과뿐만 아니라 교과 외 교육활동과 잠재적 교육과정을 통해 이루어지는 모든 교육활동이 민주시민 육성을 목표로 하기 때문이다. 이는 헌법 제31조, 교육기본법 제2조, 2015개정교육과정 총론 및 각론, 학교민주시민교육지원조례에서 교육의 목표로 민주시민 육성을 명시함으로써 모든 교사는 민주시민교육 담당자로서의 역할을 요구받고 있다.

---

6. 강홍수 외(2015), 『경기도 교원들의 민주주의 인식 연구』, 경기도교육연구원.
　김한규(2009), 「한국 상황과 민주시민교육」, 『한국학논집』 38, 291-312.
　장은주 외(2015), 『왜 그리고 민주시민교육인가?』, 경기도교육연구원.
　진숙경 외(2015), 『민주시민교육 관련기관과 학교와의 협력방안』, 경기도교육연구원.
　이상오(2014), 「독일의 학교민주주의와 시민교육에 대한 연구」, 『교육의 이론과 실천』 19(2), 23-47.
　최은수(199), 「학교교육에 의한 민주시민교육 연구」, 『교육사회학연구』 7(4), 19-41.
　하윤수(2007), 「비판적 교수법을 통한 새로운 민주시민교육론의 수업 구성」, 『사회과교육연구』 14(4),139-157.
　홍윤기(2008), 『민주청서 21: 2008년도 민주시민교육 종합연구용역보고서』, 5·18기념사업회·민주화운동기념사업회.

학교교육과정은 공식적 교육과정인 교과수업(교과)과 창의적 체험 활동(비교과)으로 구성되고, 잠재적 교육과정은 공식적 교육과정을 제외한 모든 교육과정을 말한다. 학생들이 감지하는 학교문화란 의사소통 결정 과정, 자유롭고 평등한 교사들 간의 관계, 협력적이며 친밀한 교무실 분위기, 사람을 중심에 두고 사건사고를 보는지, 보다 약한 사람 입장에서 문제를 해결하는지 등등 모든 구성원들이 함께 만들어가는 학교문화를 말한다. 그중에서 교사들이 가진 철학, 소양, 가치관, 눈빛, 태도, 몸짓, 약속, 실천, 관계 형성 등이 중요하게 작동한다고 할 수 있다.

따라서 잠재적 교육과정이 민주적이지 않으면, 공식적 교육과정에서 민주시민교육을 실행하기 어렵다. 왜냐하면 교사나 학생들 모두 가르치고 배우는 삶이 자신의 생활세계와의 불일치에서 오는 혼란으로 곤욕스럽기 때문이다. 또 잠재적 교육과정의 실행자인 교사가 민주시민성을 지닐 때 효과적이며 민주적 학교문화가 전제되어야 민주시민교육을 할 수 있다. 그런 측면에서 혁신학교운동은 민주시민교육의 중요한 토대가 된다.

2부

민주시민교육을 여는
사람들의 이야기

1장 교육의 새로운 지평을 만나다
2장 교사모임에서 함께 공부하다
3장 사회적·집단적 경험에서 성장하다
4장 전문가가 되다

"선생님, 학교에서 민주시민교육 하고 있습니까?"라고 묻자, 대부분의 교사들은 어리둥절해하거나 반문하거나 확답을 하지 못했다. 그중에는 "민주시민교육을 해야 하는데, 사실 나도 그걸 어떻게 해야 할지 몰라서 머뭇거리는 형편"이라고 배울 의지를 나타내기도 했다. 그동안 교사들조차 배운 적이 없고, 학교에서 가르치지 않아도 문제가 되지 않았다.

'민주시민교육'이라는 말 자체가 교사들에게도 낯설었다. 심지어 사회과조차 교과 내용이 민주시민교육의 여러 가지 지식 요소를 포함하고 있음에도 불구하고 자신이 민주시민교육을 수행하는 교사라고 생각하지 못하는 경우도 많았다. 민주시민교육을 한다고 말하기에는 뭔가 부족한 사람이라고 스스로를 규정했는데, 그것은 교사 자신이 민주시민으로서 사회참여와 실천적 영역에서 부족하다고 여기기 때문이었다. 사회과 교사의 경우, 교과 내용에 민주시민교육의 지식 영역을 포함하고 있음에도 이러할진대 사회과가 아닌 일반 교과에서는 어떻게 민주시민교육을 하는지 궁금했다. 교과와 상관없이 민주시민교육을 하고 있는 교사들의 이야기를 직접 듣고, 이들의 다양한 민주시민교육 수행 사례를 본 교사들이 민주시민교육을 창의적으로 재구성하고 일반화하는 데에 많은 도움이 되리라 기대하고 있다.

민주시민교육을 수행하는 교사들의 힘은 어디에서 오는 것일까? 민주시민교육을 수행하는 교사들은 일회성이 아니라 적어도 2, 3년 이상 지속적으로 수업이나 창의적 체험활동을 통해서 실천하고 있었다. 바로 그 교육현장에서 그들과 만났다. 두 그룹으로 크게 나눌 수 있는데, 하나는 동료들과 같이 진행하여 다양한 내용과 방법으로 지속적인 발전을 하고 있었다. 또 다른 하나는 학교에서 나 홀로 민주시민교육을 위해 고군분투하다가 학교 사정이 달라지는 등의 변수가 생기면 민주시민교육은 유보될 수도 있고 뒤로 밀리는 경향을 나타내었다.

나와 함께 세마중학교에서 민주시민교육과정을 수행한 13명의 동료들과 전국의 교사 27명의 사례를 모아 "왜, 또는 어떤 계기로 민주시민교육을 하게 되었나?" 하는 질문을 분석했다. 그들의 답변 중에서 민주시민교육을 하게 하는 유인 요인을 네 가지로 크게 분류했다. 그것은 교육의 새로운 지평(정책적 지원 요인), 교사모임(조직적·학습적 요인), 사회적·집단적 경험 요인, 전문가 요인이라고 할 수 있다.

1장
교육의 새로운 지평을 만나다

교육의 새로운 지평을 만난 그들은 이른바 물 만난 고기처럼 상기되어 있었다. 왜냐하면 지금이 교육활동을 하기에 가장 좋은 시기라고 생각하기 때문이었다. 무엇보다 우리가 그토록 갈망하던 판을 교육청이 깔아 주고 정책적으로 지원해 주니, 이보다 좋을 수 없다고 말이다.

1. 학생인권조례의 등장

인권 친화적 학교문화

"학생부 일은 모든 교사들이 기피하는 업무죠. 지금은 좀 달라지긴 했지만 여전히 선호하지 않지요. 학교에서 폭력문제라든가 선도문제가 생기면 나서서 해결해야 하는데, 2011년 경기도학생인권조례 이전에는 그야말로 학생부가 악역을 맡아서 해야만 했어요. 엄격한 규칙과 질서가 학교를 지배하던 시절이었으니까요. 선도부-학생부-학생생활인권부로 이름이 바뀌긴 했지만 아직 그 뿌리는 같아요. 학생인권조례의 시행은 인권 친화적인 학교문화를 만들었고, 이 바탕 위에서 민주시민교육을 이야기할 수 있는 겁니다."

수원시, 김○태(2016년 6월 3일 면담에서)

학생자치와 민주주의

"학생인권조례 이전에는 알지 못했던 민주주의라는 말이 학교에 들어왔어요. 학생자치에서 학생들은 일단 절차적 민주주의를 먼저 배우고 실천하고 하나씩 더 배우자는 마음으로 접근했죠. 형식을 갖추고 나니까 실질적인 내용도 담기 시작했어요. 학생인권조례가 학교문화를 민주적으로 바꾸는 결정적인 토대가 되었기 때문에 민주시민교육을 위한 수업혁신도 가능해진 거죠."

광주광역시, 박○창(2016년 7월 5일 면담에서)

학생인권조례는 학교 혁신의 파란 신호등

"경기도학생인권조례는 교사들의 인권에 대한 배움이 일어나고 확장된 주요한 사건이었어요. 그동안 학교는 수직적 지위 관계에 따른 무조건적 복종을 강요했지요. 즉 학교는 일벌백계의 징계우선주의, 대학입시라는 현실적 명분, 학생이라는 신분적 이유로 인권의 사각지대였어요. 인권이라는 말 자체가 없던 시대와 같았잖아요? 그런데 학생인권조례가 들어온 이후에는 교사와 학생을 수직적인 관계가 아니라 수평적인 관계로 재설정하고 교사도 배움을 통한 자기혁신을 하지 않으면 학교나 교실에서 일어나는 크고 작은 충돌을 피할 수 없게 되었어요. 교사가 교실 또는 학교에서 존중받고 싶다면, 학생들을 존중하면서부터 비롯된다는 것을 알게 되었고, 이러한 마음과 문화의 변화가 수업 방법이나 내용으로까지 자연스럽게 확장될 수 있었다고 봅니다."

안산시, 김○주(2016년 9월 2일 면담에서)

2. 혁신학교운동

참여와 소통의 민주주의

"그동안 학교는 사실 굉장히 비민주적인 곳이었죠. 그래서 그곳에서 민주주의를 배우기란 쉬운 일이 아니었어요. 이러한 부분에 대해 문제가 있다고 생각하던 차에 사실 적극적인 장이 열렸어요. 뭐랄까… 교육의 주체라고 할 수 있는 학생, 교사, 학부모의 적극적인 요구에 의해서라기보다는 교육청의 정책적 지원에 따른 혁신학교를 통해서 질적인 도약을 한 것과 같아요. 특히 우리 학교는 민주적인 절차와 그 과정을 매우 중시했는데, 그것이 얼마나 중요한가를 모두 경험적으로 알게 되었어요. 좀 느리고 천천히 가더라도 의사결정을 하는 절차와 과정에서 충분히 구성원들 간에 토론을 벌여 민주성을 담아내면 서로 협력하면서 참여하는 모습을 보여 주었죠. 혁신학교를 운영하면서 궁극적으로 민주시민교육으로 나아간다고 생각합니다."

수원시, 정○석(2016년 6월 1일 면담에서)

혁신학교와 교육과정 재구성

"혁신학교에서 5년째 근무하고 있는데, 혁신학교니까 뭔가 일반 학교와는 다른 점이 있어야 하잖아요? 민주적인 학교문화, 교육 내용이나 방법의 혁신, 교육 주체의 자발적 참여를 통해 혁신학교가 이루어져야 하는 것이니까 모든 면에서 민주시민교육으로 자연스럽게 나아가는 것이라고 봅니다. 만약 혁신학교의 틀을 제공하지 않았다면 여전히 교과 지식 위주의 강의식 수업과 수직적인 권력관계의 학교 모습에 머물러 있지 않았을까요? 혁신학교에서 근무하는 교사는 의식하든 의식하지 못하든 민주적인 교육과정을 경험한다고 할 수 있어요."

의정부시, 김○주(2016년 9월 28일 면담에서)

3. 학교민주시민교육진흥조례와 민주시민 교과서 개발

작은 학교 살리기와 마을교육공동체

"전북교육청에서도 학교민주시민교육조례를 제정하고 이를 적극 권장하고 있습니다. 내 고장, 농어촌이 건강하려면 우선 작은 학교도 살아야 합니다. 학부모, 지역 주민, 교사, 학생, 시민단체 모두가 하나의 마을교육공동체가 되어 공교육을 살리는 데에 의지를 모으고 있습니다. 바로 민주시민교육으로 학생들을 우리 지역의 주인으로 세워야지요. 학교가 살아야 지역사회가 살고 지역 주민들이 희망을 가지고 아이들을 키울 수 있는 거지요."

군산시, 양○희(2016년 7월 14일 면담에서)

민주시민 교과서 개발

"『더불어 사는 민주시민』 교과서를 보고 많이 배웠어요. '수업 시간에 어떤 학습 요소를 가져와서 토론할 것인가?' 하는 고민을 해결해 준 교과서였어요. 민주시민교육 교사연수를 통한 역량 강화와 수업 지원 등 교육청의 정책적 지원이 큰 힘이 되죠. 또 교육청에서 사회참여 동아리활동을 지원해 주어서 학생들과 같이 민주시민으로서 주체적으로 지역사회에 대한 관심을 가지고 공공정책을 제안할 수 있었던 것도 모두 정책적인 지원의 힘이 작동했어요. 그래서 뜻있는 교사들이 더 모범적인 민주시민교육 수업을 해 보려고 노력하는 동력이 됩니다."

화성시, 이○선(2016년 5월 28일 면담에서)

2장
교사모임에서 함께 공부하다

　내가 전국에서 만난 27명의 교사들은 민주시민교육을 실천하는 분들이었다. 그들은 주로 정기적으로 교사모임을 가지고 지속적으로 세미나와 연수 등을 통해 자기연찬을 하는 사람들이었다. 특히 주목한 것은 교직 경력 20년 전후로 경험이 풍부하다는 점, 교사단체에 가입하여 조직적인 학습을 경험해 본 점, 다시 이를 학교 안으로 가져와 동료들과 같이 학교와 수업 혁신을 위해 노력하는 점, 혼자보다는 교사모임에서 집단지성을 발휘하여 발전하는 양상을 보이는 등의 공통점이 있었다. 그들은 학교 밖 전문적 학습공동체에서 조직적인 학습활동으로 자기성장을 하여 주체적이고 자발적인 교육활동을 전개하고 있었다.

　이러한 활동은 학습 효과나 실천에서 교사 역량 강화에 매우 큰 영향을 주었다. 또 이 학습조직은 교사 개개인의 성향과 전공 또는 관심영역에 따라 각종 위원회나 교과 모임으로 세분화되었다. 이러한 단체의 꾸준한 활동이 자기성장의 발판이 되어 민주시민교육으로 상호 유기적인 관계를 가지며 발전하였다. 한편 학교 밖에서는 그럴듯한 명망을 누리지만 학교현장에서는 아무 영향력을 미치지 못하는 현장 실천력이 없는 교사도 있다고 한다.

1. 학교 밖 전문적 학습공동체

연구에 참여한 교사들의 직접적 답변이나 질문지에서도 나타나듯, 이러한 민주시민교육을 할 수 있도록 모델이 된 사람들은 주변의 전교조 교사가 대부분이었다. 따라서 전교조가 기본적인 동력으로 작용하고 있음을 알 수 있었다. 그들은 전문적 학습공동체에서 정기적으로 새로운 지식과 정보를 나누며 학습하고 있었다. 예를 들면 '배움의 공동체' 연구회, 전교조실업위원회, 학교시민교육전국네트워크, 경기도인권교육연구회, 경기도시민교육연구회, 전교조여성위원회, 전국국어교사모임, 전북역사교사모임, 혁신교육연구회, 창의지성교육연구회, 비폭력대화연구회, 전국가정교육연구회, 파주상상교육포럼, 다산인권센터, 청주다문화가정 여성자활사업체 ALL利, 흙살림, 진천이주노동자센터, 청소년노동인권네트워크, 새로운학교세종네트워크, 쿵푸스인문학모임, 서울동부시민교육모임, 아시아다문화센터, 수원이주민노동자센터, 안산혁신교육모임 등의 전문적 학습공동체에서 다년간 학습모임을 통해 자기성장을 계속한 교사들이라는 점이다.

학교 밖 전문적 학습공동체와 학교 안 전문적 교사학습공동체 간에는 서로 유기적인 보완과 역동적인 힘을 지니되, 학교 안에서 동료성을 발휘할수록 민주시민교육의 질은 높아지고 있었다. 국어과는 전국국어교사모임에 지속적으로 나가면서 배우고, 수학과는 전국수학교사모임, 기계설비 등 공고에서 일하는 경우에는 전교조실업위원회 활동을 통해서 청소년노동인권에 눈을 뜨고 지속적인 네트워크가 형성된 점, 혁신학교 운영과 관련하여 적극적으로 배우고 익히게 된 것이 결과적으로 민주시민교육 역량을 키운 과정이었다. 즉 전교조 연수 경험이나 교사모임에서 배운 것이 곧 혁신학교운동과 민주시민교육의 바탕이 되었다고 한다. 그렇지만 전교조 교사라고 해서 모두가 그런 것은 아니다. 밖에서는 소위 명망가 행세를 하면서 막상 학교에서는 민주시민교육은커녕 가장 권위적이고 비민주적인 사람으로 비판받는 경우도 더러 만날 수 있다.

민주시민교육의 모델은 전교조

"제가 속해 있는 전국교직원노동조합 조합원 선생님들 모두가 저에게는 민주시민교육의 준거 모델이었습니다. 따로 생각해 본 적이 없습니다. 제가 가진 교사로서의 모든 것을 전교조에서 배웠다고 생각하죠."

안산시, 김○하(2016년 7월 6일 면담에서)

전국여성위원회 모임은 세상에 대한 확대경이었어요

"전교조 여성위원회 연수를 통해서 페미니즘을 알게 되었고, 해마다 여름, 겨울방학 중에는 자체 연수가 1박 2일, 2박 3일 동안 진행되고 있어요. 매월 정기모임을 통해서 공부하죠. 정보와 지식을 나누고 학교에서 실천하려고 노력하고 있어요. 전교조를 통해서 진보적인 세상과도 만날 수 있고, 알면 실천하는 행동양식도 습득했다고 할 수 있어요. 전교조 여성위원회에서 여성정책으로 노력한 결과, 여교사들의 보건휴가, 여학생들의 생리공결 문제를 해결하여 2006년부터 시행하게 되었어요. 학교뿐만 아니라 우리 사회에서 일어나고 있는 여성 혐오와 관련하여 광범위하게 이루어지는 성폭력 문제에 대해서도 단호히 대처하여 여성과 어린이가 안심하고 살 수 있는 사회를 만들어 가야죠. 물론 전교조 조합원이라고 다 그런 것은 아니죠. 적극적으로 뭔가를 얻으려고 노력하는 사람은 지속적인 배움 활동을 통해 동료들과 같이 성장할 수 있어요. 또 배움을 같이하는 선생님들과는 각별한 친분과 존경심이 생깁니다. 만약 내가 고난을 겪는다면 언제든지 달려와서 지지해 주고 힘이 되어 주는 분들이지요. 전국여성위원회는 민주시민교육을 실천할 수 있는 모태입니다."

염경미(저자의 고백)

전교조 실업위원회에서 '청소년 노동인권'에 눈을 뜨게 되었어요

"청소년 노동인권 의식에 눈을 뜨게 한 것은 전교조 실업위원회입니다. 실업계 학생들의 현장실습 과정에서 드러난 인권 침해 사례를 보고 전교조 실업위원회에서 가장 먼저 문제 제기를 하고 열악한 노동조건에 처해 있는 청소년 노동문제를 공론화하기 시작했습니다. 이제 '노동인권'은 고유명사가 되었고, 청소년노동인권교육조례가 만들어져서 특성화고등학교의 경우에 실습 현장에 나가기 전에 반드시 노동인권교육을 할 것을 명시하고 있어요. 이러한 과정이 모두 전교조에 뿌리를 둡니다. 전교조가 우리 교육 발전에 기여한 바는 정말 크다고 생각합니다."

전주시, 김○옥(2016년 5월 26일 면담에서)

'역사 시간에 민주주의 가르치기'는 전국역사교사모임에서 배웠어요

"저는 전국역사교사모임에서 김육훈 선생님을 만나면서 '역사 시간에 민주주의를 가르치기'는 제 철학이 되었어요. 우리나라에서 사회과 교사가 아닌 사람이 자기 전공 교과 시간에 어떻게 민주시민교육을 할 것인지를 생각하지 못했는데, 전교조에서 해마다 겨울방학 때 2박 3일로 진행하는 참교육 실천대회에 가면 다양한 수업 사례를 배울 수 있었어요. 저는 역사 시간에 계기교육을 통해서 역사가 단순히 과거에 머물지 않고 현재 우리에게 민주주의 제대로 하라는 메시지를 준다는 걸 알게 되었습니다. 단재 신채호 선생의 말씀처럼, '역사를 잊은 민족에게 미래는 없다'는 생각에서 역사의 현재성을 배우고 가르칩니다."

괴산시, 원○혁(2016년 9월 19일 면담에서)

2. 학교 안 전문적 학습공동체

대부분의 교사들은 학교 밖 전문적 학습공동체에서 공부를 하고 새로운 비전과 방법을 다시 학교 안으로 가져와서 동료들과 함께 전개하고자 노력하고 있다. 그들은 학교 밖에서 관련 분야의 전문가들과 정기적인 모임을 통해서 자기성장을 도모하였다. 2개 이상의 전문적 학습공동체를 가지고 있는 경우도 30%나 되었다. 그들은 이러한 전문적 학습공동체를 통해 시민사회단체와 활발히 교류하거나 직접 시민단체 활동을 전개하고 있었다.

학교 안 전문적 학습공동체도 있기는 하지만 교사들에게 실질적으로 큰 영향을 미치지 못하고 있었고 그 만족도도 낮은 상황이었다. 따라서 민주시민교육을 활성화하기 위해서는 무엇보다 학교 안 전문적

[표 1] 학교 밖 전문적 학습공동체와 학교 안 전문적 학습공동체

	학교 밖 전문적 학습공동체	학교 안 전문적 학습공동체
범위	학교 너머 다양한 참여자	같은 학교 동료 교사
운영	정기·비정기 모임, 세미나, 연수 등 자체 운영	연간 15시간 , 30시간 단위로 팀별 자율 운영
연수 학점화	미인정	인정
관리	자율 관리	교육청-학교 담당자 등의 관리
조직	선출과정을 통해 매년 재조직함 조직관리 및 역할과 권한 명확	업무 담당자 중심으로 조직 구성원들에게 참가 독려 정도
경비 조달	참여자의 자비 부담	학교 또는 교육청의 지원
참여	자발적 가입과 탈퇴 가능	반강제적 배분 형식
소속감	구성원들의 소속감이 높다	구성원들의 소속감이 부족하다
배움	새로운 정보와 지식 교류의 확대 관심 분야의 전문가로 성장 가능	독서토론, 학교문제 토론
평가	배움과 성장의 뿌리 우선적 일정을 잡는다	실질적 리더가 필요하다 우선순위에서 늘 밀린다

교사학습공동체의 내실이 중요하다고 입을 모았다. 학교 안 전문적 학습공동체는 경제적 지원과 연수학점으로 인정되는 외적인 매력이 있다. 어차피 이수해야 할 연수시간 중에서 일부를 차지한다. 학교의 정해진 장소에서 바로 모여서 할 수 있다는 점에서 시간과 장소의 절약, 같은 학교의 동료라는 인적 구성의 친밀감이 있다. 이 밖에도 각종 정보의 공유, 교육과정 재구성, 수업 개방과 비평 등 여러 가지를 수월하게 구성하고 실천할 수 있는 핵심적 단위이다.

그럼에도 불구하고 학교 안 전문적 학습공동체가 학교 밖 전문적

학습공동체에 비하여 교사의 자발성과 만족도가 낮았다. 많은 경우에 형식적인 연수에 그친다는 소리다. 그 이유는 동료들끼리 기꺼이 시간을 내어서 학습하는 문화가 아직 정착하지 못하는 점, 학교 안 전문적 학습공동체를 리더할 리더의 부재, 교육청이 관리하는 연수학점에 따른 연수과정의 문건 등 외적 업무의 증가를 들 수 있다.

이러한 때에 필요한 사람이 바로 앞서가는 자이다. 학교 밖 전문적 학습공동체에서 꾸준히 배운 사람이 기꺼이 용기를 내어 학교 안 전문적 학습공동체의 리더 역할을 해야 한다. 그리하여 실질적인 학습조직으로 바꾸어야 한다. 학교 밖과 안이 이렇게 서로 유기적으로 작동을 해야 배운 보람이 있을 것이며 실질적으로 학교공동체의 변화를 체험할 수 있다. 교사의 배움은 곧 실천으로 이어질 것이기 때문이다. 교사들의 자발적 참여와 실천이 이루어지게 된다면 학교교육과정은 민주시민교육으로 정착될 수 있을 것이기 때문이다.

대부분의 교사들은 민주시민교육이 잘되려면 학교 안에서 동료들의 참여가 가장 중요한 문제이지만 동시에 이것이 가장 어려운 일이라고 말했다. 예외적인 상황으로 필자가 근무한 경기도 오산시 세마중학교의 경우는 학교 안 전문적 학습공동체의 성공적인 운영으로 13명의 교사들이 참여하는 민주시민교육과정을 전개할 수 있었다. 이를 통해 단위 학교 차원에서 동료성을 담보해야 하는 학교 안 전문적 학습공동체의 중요성을 알 수 있었다. 동료들과 같이하는 지속적인 학습모임을 통해 민주시민교육을 하게 되었고, 이런 과정을 통해 학교 밖 전문적 학습공동체에도 결합하게 된 사례이다.

저는 교사학습공동체에서 배워서 학교 너머를 알게 되었어요

"모든 학교가 혁신학교처럼 운영되기를 바라지만 그렇지는 못한 상황이었어요. 그래도 많은 교사들은 변화를 꿈꾸었죠. 동료 선생님들과 같이 '배움의 공동체', '혁신학교 운영과정', '민주시민교육 교사연수', '교사를 위한 인권연수', '학교교육과정 재구성'과 같은 좋은 연수를 동료들과 같이 배우러 다니면서 혁신학교운동이 바로 민주시민교육을 지향한다는 것을 알게 되었어요. 교사들의 인식과 협력이 있다면 혁신학교가 아니어도 얼마든지 혁신학교와 같은 교육과정을 통해 민주시민교육을 할 수 있는 거죠. 저는 우리 학교 교사학습공동체 덕분에 배움의 즐거움을 알게 되었고 특수교사모임으로 확대할 수 있었어요. 그리고 특수교육과 일반교육의 상호 협력 관계에 대해서도 고민하게 되었어요."

오산시, 세마중 문○란(2016년 7월 19일 면담에서)

같이 수업 디자인을 하면서 제가 더 많이 성장했어요

"그때 마침 우리 학교에서 1학년 교사들끼리 '배공실모'라는 수업 동아리를 만들었어요. '배우고 공부하며 실천하는 교사들의 모임'을 줄인 말이죠. 저는 기꺼이 합류했지요. 무엇인가 변화가 절실히 필요했는데 기회구나 싶었어요. 이 배공실모 수업 동아리가 나를 변화시키는 계기가 되었어요. 왜냐하면 그해에 우리는 서로 수업 참관을 하고 수업 컨설팅을 해 주면서 수업 잘하는 교사가 되고 싶은 서로의 마음을 알게 되었어요. 그런데 수업 잘하는 교사는 기술이나 방법으로 되는 것이 아니라 민주적인 교사라는 것을 배운 것 같아요. 그래서 나도 인권과 평화라는 공통의 주제를 가지고 민주시민교육에 접근하려고 같이 노력했지요. 저도 배우면서 가르치는 교사가 되어 간 거죠."

오산시, 세마중 송○연(2016년 6월 8일 면담에서)

학교 밖 전문적 학습공동체와 교내 교사학습공동체의 결합

"저는 서울동부민주시민교육포럼이라는 시민단체에서 같이 공부하고 실천하려는 교사입니다. 여기서 많은 것을 배워서 올해는 우리 학교에서 교사학습공동체를 만들어 뜻있는 교사들이 함께 참여하여 공부하고 있습니다. 선생님들이 같이 공부하면서 민주시민교육을 지향하는 주제통합수업을 하려고 노력하고 있습니다. 중요한 것은 학교 밖 전문적 학습공동체에서 활동하는 선생님들이 이 중요한 자산을 학교 안으로 가져와서 본인이 근무하는 동료 선생님들과 같이 진행해야 합니다. 전문적 학습공동체에는 눈빛만 봐도 서로의 의중을 알 정도로 학습에서 공유하는 부분이 많지만 학교 안 동료들은 그 차이가 천차만별이었습니다. 그래도 함께 가는 노력이 가장 중요하지요."

서울시, 이○국(2016년 10월 11일 면담에서)

민주시민교육을 수행할 수 있는 조직이자 학습적 요인이라고 밝힌 학교 밖 전문적 학습공동체, 학교 안 전문적 학습공동체는 상호 유기적 관계로 작동하고 있었다. 한편 단위 학교 현장이 가장 중요하듯이 보다 많은 교사들이 학교 안 전문적 학습공동체에 자발적으로 참여하여 학습하고 실천하는 일이 무엇보다 시급해 보였다. 학교 안 전문적 학습공동체는 헌신적인 리더 교사의 역할이 중요하게 작동하고 있으며, 교사 간에 다소 민주시민교육 역량의 차이가 있더라도 서로 배우는 집단지성으로 이를 극복하고 있었다. 민주시민교육 과정을 여러 교사가 함께 수행을 할 경우에는 학생들에게 미치는 학습 효과와 교사들이 느끼는 만족도가 매우 컸다.

3장
사회적·집단적 경험에서 성장하다

　민주시민교육을 수행하는 유인 요인 중 사회적 요인은 격동의 한국 사회를 함께 겪은 집단적 경험이었다. 민주시민교육을 하게 된 내적인 계기는 세월호 참사, 5·18광주민주화운동, 87년 6월 항쟁, 89년 전교조 해직 파동, 사학 비리, 야학 교사 활동, 의문사와 같은 한국 사회의 산업화와 민주화 과정에서 일어난 일을 들었다. 개인이 겪은 경험 또한 우리 사회의 변화 발전이라는 맥락 속에서 이루어졌기 때문에 이분들의 특별한 경험이 담긴 이야기는 바로 우리 사회가 함께 겪은 사회적·시대적 요인이라고 할 수 있다. 사학 비리와 관련된 이야기, 노동 청소년들을 가르친 야학 교사 경험, 1980년대 권위주의 군사정권하에서 의문사한 형을 둔 아픔 등이 이에 속한다. 교사 개개인의 삶의 직접적인 경험은 조금씩 다르다. 하지만 동시대를 산 경험은 한국 사회의 시대적 맥락에서 수많은 사람이 영향을 받는 일이기 때문에 개인의 특별한 경험으로 치부할 수 없다.

　교직 경력이 20년 이상인 교사들이 대부분이다 보니 그들이 대학교를 다닐 당시에 87년 6월 민주화운동을 직접 경험했고, 이어서 89년

1,400여 명의 교사들을 거리로 내몬 전교조 해직 파동을 보게 되었다. 혹자는 중·고등학교를 다닐 당시에 겪은 이러한 역사적이고 집단적인 경험이 민주주의에 대한 고민을 깊게 만들었다고 한다.

시대의 어둠을 넘어 6월 민주화운동의 경험이 2000년대 이후 일어난 촛불집회(노무현 대통령 탄핵 반대, 미국산 쇠고기 수입 반대, 노무현 대통령 서거 추모, 4대강 사업 반대, 세월호 추모) 형식의 시민운동에도 직접 참가하는 힘이 되었다. 가장 최근의 일은 세월호 참사와 박근혜·최순실의 국정농단 사태가 민주시민교육을 하게 한 강력한 유인 요인이 되었다. 이러한 역사적 전개과정 속에서 교사 본인이 직접 참여한 경험은 민주시민교육을 수행하는 데에 자긍심을 주었다. 그들은 '행동하는 지성, 실천하는 시민'으로 자신을 규정했다. 이에 2016년부터 전국을 휩쓸아친 박근혜 탄핵 촛불시위의 경험은 교사들로 하여금 민주시민교육의 중요성과 필요성을 더욱 크게 느끼게 하였다.

1. 민주화운동

오월 광주항쟁은 우리 모두의 깊은 슬픔입니다

"80년 5월 광주항쟁을 기억하는 사람으로서 민주시민교육을 해야 합니다. 오늘 우리가 누리는 자유와 평화, 민주주의는 누군가의 아들과 딸, 또는 형이나 언니였던 사람들의 피와 젊음을 민주주의 제단에 바친 대가로 누린다는 생각을 합니다. 그분들에게 빚을 갚는 방법은 민주주의를 더욱 발전시켜야 하는 것이죠. 인생을 걸고, 목숨을 걸고 지키고자 했던 민주주의를 우리가 뒷걸음치게 해서는 안 된다는 생각입니다. 그래서 교사로 사는 저는 그 책임을 민주시민교육을 수행함으로써 갚으려고 생각합니다."

파주시, 오○훈(2016년 7월 14일 면담에서)

6월 민주화운동, 분노와 저항의 민주주의

"저는 87학번입니다. 6월 항쟁을 만나면서 '나는 그동안 온실 속 화초처럼 살았구나. 바깥으로 나오니 얼어 죽을 판이라는 걸 깨닫고, 학교로 가서 학생들을 민주시민으로 키운다면 민주주의가 되겠지' 하고 생각하여 진로를 바꾸어 다시 사범대로 진학하게 되었죠. 그러니까 6월 항쟁은 내 인생에서 진로를 바꾸어 교사가 되게 한 원천이었고, 그때부터 민주시민교육이 내 인생의 화두가 되었어요. 6월 항쟁이 일어난 87년은 부산의 남포동, 중앙동, 자갈치 시장에서 보낸 시기인데 그때, 시민의 분노와 저항이 세상을 바꿀 수 있다는 걸 알게 된 것 같습니다."

수원시, 김○태(2016년 6월 3일 면담에서)

2. 전교조 해직 파동

그저 따뜻한 선생님이 되고 싶었을 뿐

"많은 선생님들이 고통을 같이했어요. 저는 발령 난 지 6개월밖에 되지 않은 상태에서 해직되었어요. 그저 따뜻한 선생님이 되고 싶다는 생각이었고 전교조는 단지 교사들의 노동조합일 뿐이었어요. 전교조 교사 중에서 민주주의를 부정하거나 자본주의 경제체제를 부정하는 사람이 있나요? 그런데도 이념논쟁으로 몰고 가서 1,400여 명을 대량 해직시킨 겁니다. 결국 김영삼 정권 들어서 1994년 '민주화운동 관련자 명예회복'으로 인정되어 교단으로 돌아왔어요. 이것은 전교조 활동을 하다가 해직된 교사들을 민주화운동에 기여한 사람들로 인정한 것입니다. 전교조가 우리나라의 노동운동이나 교육운동에 미친 영향이 크다 보니 그걸 막고 싶어서 해직시키고 탄압을 했지요. 박근혜 정부는 합법적 노조 지위를 가진 전교조를 법외노조로 만든 정권이 된 셈이죠."

군포시, 금○옥(2016년 5월 26일 면담에서)

고3 때 떠나보낸 전교조 담임선생님

"늘 전교조 선생님들에게 빚진 느낌이었어요. 사범대를 졸업하고 교사가 되고 보니 해직을 당한다는 게 얼마나 큰 고통인지를 알게 되었어요. 그때 저항도 제대로 못해 보고 담임선생님을 빼앗겼어요. 나중에 대학을 졸업하고 그때 선생님께 너무 죄송했다고 이야기하자 선생님이 괜찮다고 말씀하시긴 했지만… (중략) 언제나 마음에 걸렸어요. 어떤 선생님으로 살아야 하는가를 늘 생각했던 거 같아요."

세종시, 정○숙(2016년 7월 18일 면담에서)

3. 사학비리

재단비리 이사장 복귀반대, 학교정상화 투쟁

"경기도의 사립중학교에서 기간제 교사로 근무하는 동안에 일어난 일입니다. 부정비리 문제로 물러났던 재단이사장이 다시 복귀하려는 일이 발생했어요. 학교정상화를 위한 사외이사회가 구성되었고, 지역사회, 학부모회, 시민단체, 교사들이 함께 참여하여 학교를 정상화하는 데에 6개월 정도의 힘든 과정이 있었어요. 재단 측에서는 학교를 자신들의 사유물로 여기다 보니 각종 비리의 온상이 되어 교육은 뒷전으로 밀려나게 되었지요. 부정비리 재단 측의 복귀를 막아 내고 학교정상화를 위해 노력한 건 내 삶에서 민주주의를 직접 경험한 일이었어요.

만약 학교정상화를 위한 6개월간의 투쟁이 없었다면, 아마 학교에 못 나오게 됐으리라고 생각합니다. 이 투쟁의 결과 사외이사회가 구성되고 공모교장이 학교정상화를 위해 노력하게 되었죠. 그 덕분에 기간제 교사임에도 불구하고 출산휴가 3개월을 쓰고 지금 학교에 복귀할 수 있었어요. 그전에는 사립학교에서 기간제 교사가 결혼을 하거나 출산을 하게 되면 사표를 강요당하는 일이 비일비재했거든요. 학교정상화 투쟁이 기간제 교사의 노동인권이 보장되는 길이기도 하여 제가 당장 신분상의 혜택을 누리게 되었어요."

화성시, 문○희(2016년 6월 7일 면담에서)

4. 야학 교사 활동

야학에서 내 인생의 방향을 배웠어요

"저는 낮에는 일하고 밤에는 못다 한 학업을 하는 야학에서 10년을 노동자 학생들과 같이 보냈습니다. 야학 자체가 교육과정 재구성으로 이루어질 수밖에 없습니다. 야학에 다니는 학생들은 많은 내용을 짧은 시간에 해야 하기 때문이지요. 저는 제 평생의 살아갈 힘을 야학에서 배웠습니다. 야학에 나오는 대부분의 노동자 학생은 나이가 지긋하여 심지어 저보다 많은 분들도 많았습니다. 그들은 낮에는 공장에서 일하고 밤에는 야학에서 공부를 한 후에 지친 몸을 이끌고 집으로 돌아가지요. 그중에는 저보다도 나이가 서너 살 많은 형님뻘 되는 학생이 있었는데 세 살 된 딸아이가 지친 몸을 이끌고 돌아온 아빠의 목을 꼭 끌어안고 하는 말이 "아빠, 힘들었지?"라고 했답니다. 그분은 세 살배기 딸아이의 그 말이 너무 고맙고 좋아서 공장에서 하루 종일 힘들게 일하고도 다시 야학에 와서 공부를 하고 싶은 생각이 든다고 했습니다. 그 노동자 학생의 치열한 삶의 이야기가 나를 지탱하게 했습니다. 그분뿐만 아니라 야학에서 만난 많은 학생들이 저마다 이런저런 사연이 있었습니다. 그래도 늘 새 힘을 얻어서 달려오는 그분들이야말로 나약해질 때마다 저를 일으켜 세워 주는 선생님이었습니다. 야학은 우리나라의 산업발전 과정에서 노동자의 삶이 그대로 녹아 있는 곳이었습니다. 지금도 연세 드신 어르신들이 늦게나마 검정고시를 통해 향학열을 불태우는 모습이 더러 있지만, 70년대 이후 30여 년간 야학도 많았고 노동자 학생들도 참 많았습니다."

산본시, 장○호(2016년 5월 27일 면담에서)

5. 의문사

의문사진상규명위원회의 활동에 따라 억울하게 사망한 이들의 원인을 밝힌 경우도 더러 있지만 대부분의 경우 유족들에게 속 시원한 답변을 해 주지 못했다. 면담 중 전북 익산에서 만난 고○주 교사는 민주시민으로 자신의 교사 정체성을 명확히 하고 있었다. 그 신념이 어디에서 오는가를 묻자 그는 자신의 가족사를 들려주었다. 그는 삼형제의 막내였다. 위로 형이 둘 있었는데 큰형이 대학 재학 중에 의문사를 당했다. 지금도 여전히 의문사로 남아 있다고 한다. 큰형은 공주사범대학교 3학년에 재학 중이었고, 학생들이 민주화운동으로 쟁취한 총학생회장 직선제 후보로 출마하여 선거일을 하루 앞두고 있었다. 큰형은 당시 1980년대 전두환 군사정권에 대한 비판 활동과 학내 민주화운동을 이끌었던 유력한 총학생회장 후보였다고 한다. 그런 큰형이 어느 날 싸늘한 주검으로 발견되었고 끝내 의문사로 남게 되었다고 한다. 그는 아프게 기억하는 가족사를 담담히 들려주면서 이렇게 말했다.

죽은 자는 말이 없어요

"자살이거나 실족사 또는 사고사라고 하는데 가족들은 전혀 납득을 할 수 없는 의문사가 굉장히 많았어요. 죽은 자는 말이 없다고 속 시원한 이야기를 누가 해 주겠습니까? 그저 자식이나 부모형제를 잃어버린 사람들의 아픔으로만 남는 거죠. 그때 저는 큰형을 잃으면서 생각했어요. 우리 사회는 생각이 다른 사람은 살아갈 수가 없는 독재 사회라는 생각이 들었어요. 그때부터 저는 교사가 되면 민주시민교육을 해서 우리 사회가 민주주의 사회가 되도록 해야겠다고 생각했어요."

익산시, 고○주(2016년 7월 12일 면담에서)

민주화실천가족운동협의회(민가협) 소속 회원들을 우리는 기억한다. 아들이나 딸이 데모를 하다가 잡혀 들어가서 고문을 당하거나 억울한 감옥살이를 하는 동안 민가협 어머니들은 서로에게 힘이 되어 주며 모진 시간을 견디어 냈다. 그러다 점차 우리의 아들, 딸의 잘못이 아니라 독재정권의 잘못이라는 사실을 알고 정의를 부르짖는 곳이라면 어디라도 달려가서 맨 앞줄에 서 주셨다. 사회적 약자가 이렇게 군대나 학교에 다니다가 의문사를 당한 가족은 하소연할 곳도 없이 사랑하는 가족을 떠나보냈다. 참으로 모진 세월이다. 그러나 그것은 독재 시대에 누구에게나 닥칠 수 있는 불행이었다.

4장
전문가가 되다

앞에서 언급한 정책적 지원 요인, 조직적·학습적 요인, 사회적 요인의 영향을 받아 전문가로 성장한 교사들이 있었다. 이것은 87년 민주화운동이나 전교조 해직 파동 등의 역사적 경험을 직접 또는 간접적으로 경험하면서 민주시민교육에 대한 열정을 지니던 교사가 그동안 전문적 학습공동체에서 배우고 익힌 바를 혁신교육운동을 만나 펼치게 되어 전문가로서의 역량을 지니게 되었다고 볼 수 있었다.

1. 수업 전문가

학교현장에서 일어나는 일반적인 현상 중의 하나가 교사들이 연구수업이나 수업공개를 서로 기피하는 것이다. 연구수업은 대내외에 수업을 공개하고 서로 도움을 받는 기회로 삼는 일인데 이를 통해 교사들 간에 배움이 일어나는 것을 목적으로 한다. 대체로 경력 교사가 연구수업을 진행하게 되면 저경력 교사가 배우는 과정이어야 하지만 현실적으로는 그렇지 않다. 연구수업을 서로 미루고 맡지 않으려는 경향 때문에 경력 교사보다 신임 또는 저경력 교사에게 떠넘겨지는 경우도 허다하다.

그러나 민주시민교육을 수행하는 교사의 경우에는 연구수업이나 제안수업을 적극적으로 본인이 진행한다는 점(오산시 권○수, 오산시 문○란, 화성시 이○선, 수원시 사○경, 안산시 김○주, 군산시 양○희, 세종시 정○숙, 의정부시 김○주, 서울시 이○국, 익상시 고○주)에서 매우 고무적이다. 이러한 수업공개를 통해서 주변의 많은 교사들에게 긍정적 영향을 주고 있었다. 민주시민교육 과정으로 교과를 재구성하여 진행하는 수업은 이를 배우려는 의지를 가진 교사들에게 미치는 파장이 크다. 또 경기도교육청의 경우에는 『더불어 사는 민주시민』 교과서 활용수업을 지원하고, 수업공개를 통해 확장될 수 있도록 수업 전문가 입장에서 컨설팅을 하고 있다.

2. 민주시민교육 전문가

한편 이들 중 다수는 수업에서뿐만 아니라 자신이 중점을 두고 하는 교육활동 전문가가 되어서 대내외적인 강사활동을 활발히 전개하고 있었다. 학생인권, 다문화교육, 교사의 성장과 치유, 독서토론으로 진행하는 창의지성교육, 교사들을 위한 현대사 연수, 학교공동체생활협약, 대안역사교과서 집필, 프랑스어 교과서 집필, 안산혁신교육도시추진, 청소년노동인권교육, 인권교육, 사회적협동조합, 교육과정 재구성,

혁신교육, 학생자치, 마을교육공동체, 생활 글쓰기 등의 관련 분야에서 전문가로 성장하여 이를 확산하는 일에 앞장서고 있었다.

또한 민주시민교육 관련 전문가로 성장한 교사들은 개인의 경험이나 교육에 머무르지 않고 관련 교육기관에서 발굴하여 적극적인 인재로 활동하였다. 또 새로운 방향으로는 교육청에서 일하는 장학사, 학교 현장 교사, 교수, 시민단체 전문가들이 한자리에 모여서 연구하고 지역에 맞는 교육활동을 도모하고 있었다. 세종시에 근무하는 정○숙의 경우, 세종교육청에서 장학사-교사가 함께 공부하는 프레임워크팀을 꾸려서 정기적인 모임을 통해 정책연구를 진행하였다. 또 현장에서 다양한 민주시민교육 활동을 10여 년간 꾸준히 진행한 충북 청주의 나○정은 2016년 충북교육청 시민교육 특별영역 장학사에 지원하여 선발되었다. 학교에서 본인이 전개하는 교육활동과 교육청이 지향하는 정책을 실행하는 과정에서 상호 보완하여 해를 거듭하다 보니 자신의 노하우를 다른 학교나 교사연수에서 사례로 전달하는 경우가 생기게 되고 이를 책자나 PDF 파일로 나누기도 하였다. 학교현장에서 민주시민교육에 대한 교육 내용과 교육 방법을 서로 공유하고 배우려는 교사들의 의지를 반영한 것이라고 볼 수 있다.

민주시민교육은 개개인의 생각에 머무르거나 실험단계이거나 혼자서 하다 지쳐서 그만두는 단계를 넘어섰다. 혁신학교운동, 자유학기제, 교육과정 재구성, 교과융합수업 또는 주제통합수업, 프로젝트 수업 등의 활발한 교육활동이 어우러지면서 궁극적 목적은 민주시민교육으로 통하고 있었다. 여기에다 혁신교육을 추진할 수 있는 인재 발굴로 현장 변화의 요구도 컸다. 이러한 조건 속에서 학교에서 활동하던 교사들은 현장 전문성을 살려서 교육청, 지방자치단체, 지역시민사회 등과 협력과 지원을 확대하는 추세이다. 그들은 그동안 실천한 전문적 영역에서 교사연수에서 강사활동을 하거나 교재나 자료집을 발행하는 등의 활동으로 확대재생산하여 민주시민교육의 지평을 넓히고 있었다.

3부

수업으로 실천하는
민주시민교육 이야기

1장 사회적 논쟁 수업

2장 보편적 가치 추구 수업

3장 여럿이 함께 하는 사회참여 지향적 수업

4장 프로젝트 수업으로 실천하는 민주시민교육

1장
사회적 논쟁 수업

"사회적으로 논쟁 중인 것을 교실에서도 논쟁하게 하라"는 것이 민주시민교육의 출발이다. 그동안 우리 사회는 학교가 사회에서 일어나는 모든 일에 대하여 무풍지대일 것을 요구했다. 그러나 세월호 참사를 겪으면서 가장 많이 아파하고 울고 분노했던 곳은 바로 학교였다. 더 이상 침묵하지 않겠다는 교사들의 생각이 모였다. 민주시민교육을 하게 된 결정적인 계기가 바로 "세월호 참사"라고 밝힌 교사들이 많았다. 그만큼 세월호 사건은 오늘을 사는 동시대의 사람들에게 집단적 아픔으로 다가왔다.

수업 사례 1
교과의 경계를 넘어선 416 세월호 추모교육

사회적 논쟁 수업을 진행한 공통적 주제는 '세월호 희생자를 추모하기 위한 수업'이 가장 많았다. '세월호 희생자 추모수업'을 통해 추구한 민주시민교육의 목표는 세월호 사건 희생자를 추모하고 그 유가족들

[표 2] 416 세월호 추모수업 교과별 내용 구성 사례

교과	제목	내용
국어	"금요일엔 돌아오렴"	시 낭송과 느낌 나누기
	416 단원고 약전	선택적 읽기와 후기 나누기
수학	사고와 확률	여러 가지 사건사고가 일어날 확률 조사하기 외국의 선박 사고와 비교하기
사회	416과 사회적 연대	416 유가족과 함께하는 사람들의 이야기 : 416연대, 416기억저장소, 416기억교실, 416재단
역사	416 기록	나도 사마천 "내가 쓰는 416"
기술 가정	공감과 연대의 의사소통	긍정, 공감, 연대, 지지의 짧은 글쓰기와 스티커 만들기
영어	외국에서 보는 416 이야기	자료 탐색과 읽기를 통해 외국에서 보는 시선
진로	416 희생자의 진로희망 꿈 찾기	나의 진로와 매칭하여 이야기 나누기
체육	응급처치와 구조	긴급구조를 요구할 권리와 국가의 의무
음악	개사 416 추모곡 만들기	416 가족 합창단의 노래 소개
미술	416 추모 설치 미술	416 성장나무/416 기억약속 바람개비 설치
도덕	416 인권엽서 만들기	인권엽서를 써서 416 희생자와 유족, 생존자에게 보내기
과학	종이배 만들기	우리의 마음을 종이배에 실어서 띄워 보내기

을 위로하며 사회적 치유 과정을 통해 그들의 회복을 돕기 위해서이다. 나아가 안전에 대한 시민의 권리, 국민안전을 책임져야 할 국가의 역할, 희생자와 생존자, 유가족 중심의 문제 해결 과정이 되어야 한다. 이러한 사회적 접근으로 생명, 안전, 인권, 연대의 민주주의의 가치와 태도

[표 3] 416 세월호 추모를 위한 학생자치회 활동 사례

동아리	416 UCC 만들기	-학교에서 진행하는 416 세월호 관련 모든 추모수업 과정을 담은 UCC 만들기
학생자치	416 추모 기간	-416 기억교실, 분향소 찾기 또는 학교 내에 만들기 -416 추모 걸개그림, 입간판, 현수막, 피켓 만들기 -416 추모의 벽-리본 달기, 편지 쓰기 -416 추모 뮤지컬, 연극, 음악회, 플래시몹 -지역시민사회와 함께 하는 416추모제 참가 -416 가족협의회에 성금 전달과 연대 의사 표시
전시 및 토론마당	교사, 학생, 학부모 대토론회	-수업 후 표현물 전시 및 UCC 시청 -416 주제통합수업에 대한 총평가회 -416에 대한 편 가르기 공세를 어떻게 볼 것인가? -세월호에 탑승한 교사 중에서 기간제 교사 2명이 희생되었다. 그들은 순직자에서 제외되어야 하나? -416 이후 교육의 방향은 무엇일까?

를 가질 수 있도록 하기 위함이다. 또한 수업과정이 참여와 실천으로 이어지도록 디자인된 학습 경험이 바로 민주시민의 자질을 함양하는 것으로 보았다.

'세월호 희생자 추모수업'을 주제통합수업으로 진행한 4개의 중학교 사례를 만날 수 있었다. 이들 중학교는 모두 융통성 있게 교육과정을 운영한다는 특징이 있었다. 이 수업의 공통점은 신문, 인터넷을 이용하여 정보검색 과정을 거쳐 이와 비슷한 대형 사고가 났을 경우, 외국의 문제 해결과 사회적 치유 과정을 알아보는 탐구과정-논쟁과정-참여과정으로 이어지는 점이다. 특히 2016년 4월에는 교육부에서 '세월호 계기교육에 대한 전교조 416교과서 불허 방침'이 내려진 상황에서 여전히 사회적 논쟁 중이었고 해결되지 않은 문제였다.

함께 하는 수업이 힘이 되는 이유

"먼저 주제가 정해지면 그다음은 별 무리 없이 진행할 수 있는 것 같아요. 무슨 내용으로 주제통합수업을 할 것인지 참여하는 교과에서 수업을 진행하는 과정에서도 동료 교사들이 서로 아이디어를 내면서 조금씩 진화할 수 있었어요. 수학과에서는 모빌 같은 도형을 만드는 작업이 각도와 길이 등의 수학적 계산으로 이루어지고, 사회과에서는 아무도 책임지지 않은 채 추모 2주기를 맞이한 세월호 참사에 대하여 이야기하고, 단원고 희생자들의 진로 꿈 찾기는 인터넷 등을 이용해서 정보를 얻었죠. 학생들은 단원고 희생자들이 자신들과 똑같거나 거의 비슷한 진로에 대한 꿈을 꾸고 학교생활을 하던 언니, 오빠들이라는 점을 인식하고 더욱 진중하게 수업에 임하는 모습을 보였어요."

광주광역시, 박○창(2016년 7월 5일 면담에서)

제가 치유받는 수업이었어요

"처음엔 아이들 수업을 준비한다고 생각했는데, 결과적으로 저 자신을 위한 수업이기도 했어요. 수업 준비를 하면서 박재동 화백이 연작으로 그린 단원고 학생들의 환한 얼굴과 일상을 보았고, 남겨진 가족들의 편지를 읽었어요. 이제야 '세월호' 아이들과 제대로 마주한 느낌이었어요.

1학년 전체 아이들이 단원고 희생자들의 꿈과 자기의 꿈을 매칭하여 모빌을 만들어 중앙현관 천장에 매달았어요. 소위 설치미술로, 이를 보는 다른 학년 학생들에게도 영향이 미치기를 바랐죠. 그 바람이 현실이 된 겁니다. 학생회, 대의원회가 긴급 소집되어 회의를 하더니 2주간을 '세월호 참사로 인한 희생자 추모 기간'으로 정하고 학생회 대표들이 매일 아침 등교 시간에 추모 캠페인을 하고, 전교생이 노란 리본에 추모하는 글을 적어서 띠를 만들어 중앙현관 한 면을 '추모의 벽'으로 만들어 리본을 걸었어요. 1학년 학생들이 한 수업 결과물을 보고 2, 3학년을 중심으로 학생회가 회의를 하고 자신들도 '세월호 희생자를 추모하는 행동'을 결정한 겁니다. 이것이 바로 혁신학교에서 다양하게 민주시민교육을 직접 경험한 학생들의 힘이 상호작용하여 총체적으로 나타난 것이라고 봅니다. 주체적이고 주도적인 학생자치의 경험, 사회적 쟁점에 대하여 참여하는 학교문화, 다른 학년에서의 배움 결과를 보고 학생들의 능동적인 배움이 일어나는 일, 절차적 민주주의를 거쳐 참여하는 문화가 어우러진 것이죠."

광주광역시, 김○자(2016년 7월 5일 면담에서)

지역 추모집회에서 만나요

"의정부에서는 지역시민사회가 시내에서 세월호 추모집회를 계속하고 있어요. 학교에서 세월호 참사로 희생된 사람들과 그 유족들의 아픔에 공감하고 사회적 치유에 대한 토론을 한 뒤에 추모집회에 참여했어요. 사회적 논쟁이 되는 사안에 대하여 교실에서 먼저 토론하고 현장에 직접 가 보는 경험이 중요하죠."

의정부시, 김○주(2016년 9월 28일 면담에서)

금요일엔 돌아오렴

"세월호 추모수업으로 국어 시간에 『엄마. 나야.』, 『금요일엔 돌아오렴』을 읽고 이야기 나누기, 사회 시간에 '대통령과 행정부의 지위와 기능'을 배우고 세월호 참사가 났을 때, 대통령과 행정부는 어떻게 했어야 하는지 이야기 나누기와 이를 바탕으로 한 추모 동영상 만들기를 진행하여 학생들이 같이 보면서 추모의 시간을 가졌어요."

군산시, 양ㅇ희(2016년 7월 14일 면담에서)

수업 사례 2
한국사 교과서 국정화 논쟁 수업

'세종시새로운교육네트워크' 일명 세새넷 소속 교사들은 2015년 하반기에 사회적 논쟁이 된 한국사 국정화에 대한 토론수업을 진행하기로 했다. 박근혜 정부가 들어서자 검정교과서였던 한국사를 국정교과서로 만들겠다고 밀어붙이기 시작했다. 2015년 9월 초 대학과 교육현장에서 시작된 한국사 교과서 국정화 반대 움직임이 독립운동가 후손, 16개 시·도 교육감, 시·도 의회 의원, 학부모, 예비교사, 지역 시민 등으로 확산되면서 전국적으로 들불처럼 번졌다. 그동안 우리 사회에 모아졌던 민주주의에 대한 열망이 각계각층에서 한국사 교과서 국정화 반대로 나타나고 있었다. 이러한 반대 여론에도 불구하고 박근혜 정부는 2017년 3월부터 전국의 중·고등학교에 배포하여 배우도록 하겠다는 방침을 밝혔다. 연일 매스컴을 통해 한국사 교과서 국정화 논란이 일어나자, 학생들도 자연스럽게 궁금해하기 시작했다. 그들이 배울 교과서를 두고 뜨거운 논쟁이 일고 있기 때문이었다.

이에 세새넷 소속 교사들은 '한국사 교과서 국정화 논쟁 수업'을 각 학교에서 진행하기로 하고 모임에서 논쟁 수업 준비를 함께 하기로 하였다. 그렇게 해야 서로에게 도움을 줄 수 있고, 자신감을 가지고 진행할 수 있었기 때문이다. 결과적으로 한국사 교과서 국정화 논쟁 수업은 학생들로 하여금 정보지식 탐색 능력, 자기 생각과 입장 만들기, 민주적 토론과정에 참여하기, 자기 생각의 수정과 타인의 생각을 수용할 줄 아는 개방성 배우기, 신념과 생각에 따라 사회적 참여와 행동으로 이어지는 결과를 가져왔다.

국정교과서가 뭐길래

"한국사 교과서 국정화 논란이 한창이던 작년에 교과서 제도와 관련하여 국정교과서, 검정교과서, 인정교과서 제도에 대한 인식과 시대적 흐름, 외국의 교과서 제도, 우리나라의 교과서 제도에 대해 먼저 공부를 했어요. 이어서 사회적 논쟁의 중심에 있는 한국사 국정화와 관련한 토론수업을 했어요. 각종 매체에 드러난 한국사 국정교과서를 둘러싼 여러 가지 관점을 읽고, 학생들은 자기 생각 만들기를 한 후에 토론수업을 한 겁니다. 사회적으로 논쟁 중인 것이 무엇인지를 먼저 알고, 자기 생각을 만들고, 토론과정을 통해 자기가 가졌던 생각을 수정하기도 하면서 아이들은 성장해 갔어요. 이 수업 후에 페이스북을 통해서 교육부 청사 앞에서 피켓 시위를 하고 있는 선생님들이 있다는 사실을 알게 되자 학생들이 자발적으로 세종시 교육부 청사 앞에서 진행하던 한국사 교과서 국정화 반대 시위에 참여했어요. 물론 자발적이었고 교사, 학부모, 학생들이 같이 피켓 시위나 거리 서명운동을 전개하기도 했어요. 교문 앞에서 등교하는 학생, 교사들이 볼 수 있도록 피켓 시위로 자신의 의사를 표현하는 학생들도 생기기 시작했어요. 신념에 따라 표현의 자유를 실행한 경험이었죠. 왜 역사교육 전문가들이나 지식인, 시민들이 그토록 한

국사 교과서 국정화를 반대하는지를 알고 여러 가지 방식으로 신념에 따라

행동하는 모습을 보였어요."

세종시, 정○숙(2016년 7월 18일 면담에서)

2장
보편적 가치 추구 수업

1. 교과융합수업으로 실천하는 민주시민교육

민주시민교육과정에서 무엇을 가르칠 것인가, 하는 문제는 매우 예민하다. 중등에서는 각 교과마다 가르쳐야 할 내용도 많거니와 함께 수업 디자인을 해 본 경험이 없는 것도 사실이다. 그런데 이제는 교과융합, 주제통합, 프로젝트 수업으로 교과의 경계를 자유롭게 넘나들고 있다. 여러 교과에서 같이 수업을 진행하는 데 가장 쉽게 접근할 수 있는 것이 바로 인류의 보편적 가치를 추구하는 일이다. 인권, 평화, 연대, 다문화, 평등, 자유 등은 누구나 그 가치를 인정하는 영역이다. 대부분의 민주시민교육은 이렇게 내 삶과 바로 연관되는 인권과 평화 주제의 수업을 통해 접근하고 있었다. 이로써 학생들이 실생활에서 민주시민으로서의 가치와 태도를 내면화하여 행동하도록 뒷받침하는 일이다.

[표 4] 배공실모 교과융합수업 실천 사례

교과융합	융합 교과	차시	인권과 평화 감수성 교육
수업 실천 1	사회-특수 1	2	장애인권 바로 알기를 통한 인권 감수성
수업 실천 2	사회-특수 2	2	일상생활 속에서 차별적인 언어 드러내기
수업 실천 3	사회-특수 3	2	평등 사회를 위한 포스터 그리기
수업 실천 4	사회-특수 4	2	인권 감수성을 기르기 위한 서클 운영
수업 실천 5	사회-국어	2	인권 발달의 역사와 인권엽서 쓰기
수업 실천 6	사회-전문상담	2	생명과 안전에 관한 시민권과 416추모수업
수업 실천 7	사회-보건-기술·가정	3	성 평등 사회와 모성보호

수업 사례 1

인권과 평화 감수성 향상

　교과 간 융합수업은 1학년 전체 7개 반에 들어가 '평등'(제5장, 평등한 세상은 이루어집니다)을 주제로 장애인권교육을 하고, 이를 통해 민주시민성 핵심 요소인 다름의 인정과 존중의 이해와 관용, 사회적 약자에 대한 사회적 배려와 정책 지원, 직접적으로 배운 것을 표현해 보는 시간으로 이어졌다. 이로써 민주주의 핵심 요소인 평등한 문화 확산을 위한 우리 안의 차별과 편견을 버리고 모든 사람이 존엄한 존재로서 살아갈 수 있는 민주시민의식을 향상하게 되었다. 이어서 생활 속에서 차별적인 언어 찾기, 포스터로 인권의식 표현하기, 서클로 자기 생각 말하기로 마무리했다. 장애인권에서부터 보편적 인권에 대한 가치와 의식을 높이고 인권과 평화에 대한 감수성을 기를 수 있는 교과

[표 5] 사회-특수 교과융합수업 설계

영역	주제	차시	학습 요소	사전 준비 및 도움
1. 모든 인간은 평등하다	인권과 차별에 대한 생각 키우기와 사회적 실천	1-2 차시	• 우리 사회의 차별과 갈등 읽기 • 장애인권의 현실 나누기	- 모둠 활동지 - 〈세 번째 시선〉 영화 (국가인권위원회)
		3-4 차시	• 평등 vs 불평등 바로 알기 • 생활 속 차별 언어 드러내기, 분류하기	- 신호등 게임(파란색, 노란색 2종 카드) - 모둠학습지
2. 평등한 세상은 이루어진다		5-6 차시	• 평등에 대한 동영상 시청 • 사회적 약자에 대한 시선으로 확대하기 • 장애인권 포스터 만들기	- 민주시민교육 동영상 - 인권 포스터 안내(국가인권위원회 인권교육센터)
		7-8 차시	• 서클 운영: 경청과 공감, 자기 생각 표현하기	- 좌석을 전체 원으로 만들고 자유롭게 이야기할 수 있는 서클 운영의 원칙을 공지한다.

융합수업은 다음과 같이 설계하였다.

생활 속에서 차별 언어를 많이 쓰는 장소를 중심으로 분류하면 가정에서 특히 아이들이 차별을 겪으면서 익숙해진다는 게 사실이다. 형제 서열, 남녀, 성적, 외모로 인해 욕이나 비하하는 말을 듣는다고 한다. 학교에서는 주로 친구들 사이에서 약한 아이에게 행해지는 폭력적인 언어를 들 수 있다. 장애인을 비하하는 "병신 새끼", "애자" 이런 말은 비일비재하고, 성소수자를 비하하는 "호모 새끼" 등 동성애자에 대한 차별의식이 가장 심하게 나타났다. 학생들은 "더럽다"는 표현을 거칠게 반사작용처럼 쏟아 냈다. 여성 비하 발언으로 남학생에게 "기집애 같은 놈"이라고 하거나 행동적인 여성에게는 "쓸데없이 여자애가 왜

모둠별로 앉아 일상에서 차별하는 언어 찾기 수업을 하는 장면

나서니?"라는 말이 흔했다. 가난한 사람을 천대하고 차별하는 말로는 흔히 "노숙자", "거지 같은 놈"이라는 말을 빗대어 사용하고 있었다.

그중 놀라운 것은 지역사회에서 흔히 볼 수 있는 가난한 남성 독거 노인과 사오십 대의 독거 남성에 대한 편견을 드러내었다. 그 밖에도 학력을 차별하는 "무식한 놈, 지잡대(지방의 잡다한 대학) 출신"이라든가 외모를 차별하는 말로는 주로 키나 몸무게, 얼굴을 가리켜 "난쟁이, 뚱녀, 뚱보, 돼지, 그 얼굴에 잠이 오냐?, 그 얼굴에 뭘 믿고 놀고 있나?, 얼굴 좀 고쳐라, 견적이 무한대" 등의 말이 많다고 한다. 외모 차별 중에서도 특히 비만에 대해서는 자기관리를 못하는 사람으로 간주되어 게으른 사람, 인생 포기한 사람으로까지 놀림의 대상으로 추락하고 있었다. 이주민 노동자나 탈북주민, 다문화 가정에 대한 차별적 시선도 대중매체를 통해 익숙해져 있는 상황이었고, 그중에서 탈북주민에 대한 편견이 가장 심해서 "탈북주민은 먼저 온 통일"이라는 말이 무색할 지경이었다.

교과융합수업의 경험은 민들레 홀씨가 되어

"제일 중요한 것은 동료들과 이야기를 나누는 것 같아요. 당시에 제 고민은 일반 학생과 교사를 대상으로 하는 장애인권 수업을 하는 것인데, 어떻게 해야 할지를 몰라서 막막하던 때였거든요. 학교가 워낙 바쁘다 보니 주로 한 장짜리 페이퍼 연수로 대체하는 경향이었죠. 그래서 당시에 교사학습공동체를 리드하는 사회 선생님에게 털어놓았어요. 그랬더니 '걱정하지 말고 사회과와 융합수업을 하자. 요즘 교과융합수업은 적극 권장 사항인 만큼 학부모 수업공개의 날에도 이렇게 같이하는 모습으로 융합수업의 면모를 보여 주자'라고 제안해 주셨죠. 사회 시간이 블록타임인데 그때 제가 결합하는 것으로 하고 좀 더 지속적으로 하기 위해서 아예 프로젝트 수업으로 4회에 걸쳐 진행하되, 그 주제도 1-2차시: 우리 생활 주변에서 듣는 차별하는 언어 찾기, 3-4차시: 장애인권, 다양한 인권 침해 사례, 5-6차시: 차별 없는 인권 세상을 NIE로 주제별로 표현하기, 7-8차시는 서클로 앉아서 모든 학생들이 그동안 배운 인권수업에 대한 자기 생각을 말하기로 하고 거듭 의논을 하면서 조율했지요. 차별 없는 평등한 세상이 바로 우리가 꿈꾸는 세상이고 정말 민주적인 사회잖아요? 그때 마침 우리 지역 내에 특수교사연구회가 막 시작되어서 길을 모색하던 때였는데 제가 연구회에 참여하고 있어서 우리 학교 사회-특수교육 교과융합수업을 공개하기로 했어요. 특수교사뿐만 아니라 관내 모든 교사들이 참관할 수 있도록 대내외 공문으로 사회-특수 교과융합수업 모델이 되었어요. 큰 주제는 '인권성장을 위한 민주시민교육'이고 8차시에 걸쳐서 진행했어요. 이 경험이 제가 평생 동안 민주시민교육을 할 수 있는 힘이 된 것 같아요."

오산시 세마중, 문○란(2014년 12월 수업 후기에서)

사회적 약자의 인권이 바로 그 사회 민주주의의 척도

'다름' 즉 '차이'는 비정상적인 것이 아니다. 민주주의는 '다름'을 인정하고 '다양한 이들'이 만족할 만한 사회를 만들어 가는 것이며, 이 사회의 모든 구성원들의 몫이다. 사회적 약자가 행복한 사회가 바로 삶의 질을 재는 바로미터라는 사실을 배우도록 서로 도움을 주고받는다. 살기 좋은 사회, 인권의 척도는 바로 그 사회의 가장 아래에 있는 약자들의 인권보장 지수이다. 학교도 마찬가지이다. 가장 약한 아이가 행복하고 존중받는 학교일수록 민주적이라고 할 수 있다. 교사 중에서는 시간 강사나 기간제 교사가 행복한 학교라면 그 학교는 민주적인 학교일 것이다. 왜냐하면 그들이 가장 낮은 위치에서 일하고 있기 때문이다.

오산시 세마중, 염경미

2. 주제통합수업으로 실천하는 민주시민교육

대한민국 헌법 및 국제 규약에서 보장하는 보편적 인권과 평화의 가치를 추구하는 주제통합수업을 진행함으로써 학생들로 하여금 '인권과 평화'라는 가치를 중히 여기도록 하는 한편, 이를 실현하고 지키기 위해 생활 속에서 민주주의를 가르치고 배우게 하는 데에 목적을 두었다. 교사학습공동체가 학교 내에서 실질적 활동을 할 때, 학교구성원들이 가장 많이 성장하고 발전하는 과정을 경험하였다.

교사의 학습은 바로 학생들에게로 투입된다. 따라서 학생들은 더 행복하고 즐거운 학교 분위기 속에서 민주적인 학교문화를 경험하며

[표 6] 세마중 배공실모 주제통합수업

	교과	차시	주제	내용
주제 통합 수업 실천	과학	3	인권 평화	탈핵과 신재생에너지
	수학	2		한반도 DMZ와 방정식
	기술·가정	3		평화로운 마을 만들기
	사회	1		문화권마다 다른 평화의 개념
		2		비폭력대화 상황 설정과 연습
		2		미술 작품으로 배우는 평화 이야기
	미술	3		표어, 포스터로 배우는 전쟁과 평화
	체육	2	참여 연대	장애인 기준(룰)의 체육대회
	영어	2		노벨상과 세계시민
				지구시민으로서의 나눔과 연대
	사회	2		민주주의와 선거
				사회적 협동조합 만들기
	기술·가정	2		윤리적 소비와 소비자 연대

학생자치와 토론수업, 협동수업, 동시에 여러 교과가 함께 다양한 방법으로 진행하는 주제통합 배움중심수업을 하게 되어 자기 생각 말하기와 글쓰기, 다양한 방법으로 표현하기, 교사와 학생이 직접 참여하는 현장체험을 수행하여 민주시민으로 성장하는 교육 효과를 보게 되었다.

평화로운 마을 만들기 학생활동

수업 사례 1

기술·가정-평화로운 마을 만들기

기술·가정 시간에 때마침 배우게 되는 주거와 주거 환경에 대한 단원과 접목하여 "우리가 함께 만드는 평화로운 마을"을 설계하기로 했다. 우리는 어떤 마을을 꿈꾸는지, 어떤 방식으로 이웃과 소통하고 싶은지를 담아내야 하는 것이다.

우리 학교 아이들도 70% 이상은 아파트에 살고 있다. 왜냐하면 미니 신도시로 형성된 지 불과 5년째이기 때문이다. 도시생활의 대표적인 주거 환경이라고 할 수 있다. 어떠한 시대, 어떠한 사회에서든 이웃과 더불어 평화롭게 사는 것은 인류의 보편적 희망이자, 추구하는 삶의 양식일 것이다. 3차시에 걸친 기획 수업으로 진행한 학생활동은 현재 내가 살고 있는 마을의 문제점 진단하기 → 모둠별 살고 싶은 마을 구상하기 → 살고 싶은 마을 디자인 및 마을지도 그리기 → 발표하기 → 칭찬 쪽지 붙이기 → 최종 마을 디자인 확정 → 소감문 쓰기로 마무리했다.

새로운 시도, 평화로운 마을 만들기

"인권과 평화라는 주제로 동료들과 같이 수업을 설계하면서 그동안 아무 생각 없이 진행한 집 만들기 프로젝트가 얼마나 개인적인 욕망을 부채질한 것인가 하는 반성이 들었어요. 그래서 마을 만들기 프로젝트로 전환했죠. 사람은 가족끼리 사는 집도 중요하지만 같은 지역에서 더불어 사는 마을이 삶의 질을 높인다는 것을 알게 되었어요. 처음 시도하는 프로젝트 수업이라서 저도 별 기대를 하지 않았어요. 왜냐하면 한 번도 시도해 보지 않은 완전히 새로운 과제였거든요. 그런데 저와는 달리 '마을 만들기 프로젝트'를 설명하자 아이들의 눈이 반짝이는 겁니다. 지금 내가 살고 있는 마을을 먼저 알고, 내가 살고 싶은 마을을 설계하는 건데 이 과정에서 모둠원끼리 같이 의논하고 결정해서 마을을 설계해야 하거든요. 조금씩 다를 수 있는 의견 조율 과정이 필요한 거죠. 그리고 다 완성되었을 때, 게시를 하고 다른 친구들에게 자기 마을 설계에 대한 내용을 설명하면 다른 아이들이 구체적으로 칭찬하는 글이나 아쉬움을 표현하는 의견을 포스트잇에 적어서 붙였어요. 그러면 그 모둠은 다시 의논을 해서 최종 결정을 하는 거죠. 아이들이 설계한 마을에는 청소년 공부방을 겸한 쉼터, 도서관, 회의장, 체육공원 등을 필요로 하고, 협동조합으로 운영하는 마을매점도 원하는가 하면 각종 운동시설, 등산로, 마을에서 운영하는 게스트하우스, 마을 식당 등 다양한 이야기를 들을 수 있었어요. 이런 수업 경험을 한 아이가 어른이 되면 마을에서 주도적인 주민참여 역할을 할 수 있을 겁니다.

사실 이 수업을 하면서 제가 더 많이 배우고 신이 났던 것 같아요. 아이들은 살짝 건드리기만 해도 저절로 자라는구나 하는 생각이 들었어요. 요즘 마을교육공동체 운동도 하는데 이런 주도적인 기획 능력과 실행력을 갖춘 아이들의 참여를 적극 환영하겠죠? 아이들처럼 마을 구성원들이 다 같이 모여서 민주적인 의사결정 과정을 거쳐서 생태환경, 필요한 시설, 운영에 따른 합의를 한다면 그 마을은 살기 좋은 마을이 될 수 있겠죠. 다툼이나 갈등도 민주적으로 해결할 수 있을 것이고요"

오산시 세마중, 권○수(2014년 6월 수업 후기)

마을공동체를 알게 되었어요

"기술·가정 시간에 배운 '평화로운 마을 만들기' 수업이 정말 좋았어요. 마을이라는 공동체를 우리가 설계하고 거기에 사는 다양한 구성원들이 행복하고 평화롭게 살려면 뭐가 필요한지를 고민했는데… (중략) 그전에는 모두 출세하고 돈 많이 버는 게 인생의 목적인 것 같았는데, '평화로운 마을 만들기' 수업을 하면서 마을공동체라는 걸 알게 되었어요. 서로 안부를 묻고 도와주고 소통하는 진짜 그런 마을을 만들고 싶어요."

오산시 세마중 학생, 박○비(2014년 6월 수업 후기)

수업 사례 2
사회–민주주의의 꽃, 선거

3월, 학기가 시작되자마자 학급 반장을 선출하기 전에 사회 시간에 교육과정 재구성으로 '선거의 중요성과 대표의 기준'에 대한 토론을 학급마다 진행하였다. 선거관리위원회 구성과 선거 시작 전에 전체회의를 통한 합의를 먼저 한 후에 선거를 하도록 하여 장난으로 하거나 인맥, 출신 학교, 폭력적인 힘 등에 굴복하지 않고 진지하게 선거에 임하

[표 7] 사회과 선거 참여 수업 흐름도(3차시)

참여와 연대	• 어떤 사람이 우리의 대표가 되어야 할까? (『더불어 사는 민주시민』 교과서 46~51쪽)
주제	• 선거의 중요성을 알고 진지하게 선거에 임하는 민주시민의 가치와 태도, 참여 영역을 확대한다.
수업 목표	• 우리의 대표는 누구일까? 무엇을 기준으로 대표를 뽑을까? 대표는 우리의 의사를 대변하고 있을까? 기존의 질서를 의심하고 비틀어 보는 비판력을 갖게 한다.
교사의 수업 철학	• 간접민주주의, 대의정치로 이름 붙여져서 우리는 별 의심 없이 대표를 선출하고 그들에게 권력을 위임하여 왔다. 학교에서도 학생회장 선거와 학급 반장, 부반장 선거를 한다. 그러나 국민주권 실현의 가장 큰 행동인 선거를 민주주의의 잣대로 제대로 하고 있는지를 돌아보고, 민주주의 실현의 한 방법으로서의 선거, 유권자의 시민의식, 또 다른 방법을 생각하고 제시하며 서로의 경험이나 느낌을 나누어 교사와 학생 모두 시민으로서 동반 성장의 기회로 삼는다.
1차시	• 이문열 작가의 『우리들의 일그러진 영웅』 책을 부분적으로라도 읽게 하고, 대표를 잘못 뽑거나 부당한 권력에 저항하지 못할 경우에 일어날 수 있는 일을 경험이나 예측을 통해 토론수업으로 진행한다.
2차시	• 선거가 아닌 다른 방법(담임의 임명, 단일후보로 무투표 당선)으로 대표가 된 경험을 이야기하게 한다. • 대표의 선출 방식은 다양하다. 성비의 균형, 윤번제, 제비뽑기, 콘클라베 방식의 선출, 다수대표제, 과반수 득표자를 대표로 하는 방식의 장점과 단점에 대하여 공부한다. • 현대사회의 대의민주주의에서 대표는 유권자의 요구를 대변하는가? • 선거 이후 유권자는 어떻게 해야 그들의 주권을 실현하는가?
3차시	1. 공정한 선거를 위한 선거관리위원회를 구성한다. 선거관리위원회에서 대표의 조건, 선정 기준 등을 전체 토론을 통해 미리 합의를 한다. 2. 합의에 맞게 후보자를 추천하여 후보자 등록을 한다. 3. 후보자 소견 발표 시간을 균등하게 준다. 4. 선거 원칙에 의해 선거를 실시한다. 5. 당선자 발표, 당선자 소감 발표, 당선증을 수여한다.
총정리	1. 반장, 부반장을 득표순에 따라 다른 성을 둔다면 그 이유는 무엇일까? 2. 투표에 들어가기 전에 구성원들이 합의를 하고 선거 기준을 제시하는 것이 중요한 이유는 무엇일까?

는 자세를 배웠다. 선거 후에도 꾸준히 누구를 위한 대표인가를 생각할 수 있도록 학급 전체 구성원들의 관심이 필요하다는 것을 알게 되었다. 또한 누구나 대표가 될 수 있는 가능성을 열어 두는 제비뽑기식 대표선출, 윤번제로 하기, 교황을 선출하는 선거 시스템인 콘클라베 방식 등 다양한 방법에 대해서도 그 장단점을 배웠다. 이로써 그동안 학년이 올라갈수록 자연스럽게 반장 경험이 있는 학생이 독점적으로 반장을 하는 폐해를 막고 새로운 얼굴이 대표로 진출할 수 있게 되었다.

좀 더 바람직하게 대표 선거의 중요성을 알게 하려면 국어-사회-담임교사의 융합적 지도가 필요하다. 먼저 국어 시간에 『우리들의 일그러진 영웅』 독서 지도를 한 다음, 토론학습을 진행한다. 사회 시간에 대표의 중요성, 대표의 기준, 선거의 조건에 대한 학교규정을 미리 공개하고 그 범위 안에서 학급의 기준을 좀 더 자세히 정하고 진행하는 것이 바람직하다.

예를 들면 반장, 부반장 후보 등록을 따로 할 것인지, 반장 후보만 등록하여 차득점자를 부반장으로 할 것인지, 한 표라도 더 많은 다수결로 정할 것인지, 대표성을 강화하기 위해 과반수 득표자를 반장으로 할 것인지를 정하여 한다. 과반수 득표자를 반장으로 할 경우에는 1차 투표에서 과반수 득점자가 없으면 2차 투표를 진행해야 한다.

또 반장, 부반장 두 명의 대표를 선출하기 때문에 남녀 성을 구분하여 둘 중 한 명은 반드시 다른 성으로 뽑을지를 정하고 나서 투표를 하도록 진행해야 할 것이다. 후보등록을 하지 않은 사람 중에서 3~4명으로 선거관리위원회를 구성하고 후보등록, 투표용지 만들기, 후보자 선거유세 일정과 시간 배분, 후보자 토론회 개최, 투표 시작과 종료 선언, 개표 진행, 당선자 발표, 당선자 소감 발표, 당선증 전달 순으로 진행되도록 담임교사의 임장 지도가 필요하다. 즉 국어-사회-담임교사 세 명의 사전 논의와 집중적인 선거교육이 진행되도록 한다면 가장 큰 효과를 얻을 수 있다.

수업 사례 3

교육과정 재구성과 민주시민교육

"우리 학교에서는 전 학년 전 교과에서 주제통합수업을 진행한다. 학년별로 다른 주제로 접근하지만 궁극적으로 '인권과 평화'를 내면화하고 그것을 이루기 위한 수업이다. 수업혁신을 통한 혁신교육운동으로 1년 과정을 전 학년에 걸쳐서 모든 교사가 참여하는 주제통합수업을 하고 있다. 1학년 과정은 자존감과 관계, 2학년 과정은 생태와 환경, 3학년 과정은 다문화교육으로 하여 3년 동안 순환적으로 운영한다. 각 교과의 교사들은 모두 이 주제를 염두에 두고 교과과정을 재구성하여 진행한다. 먼저 1학년 과정에서는 인간으로서의 자존감과 타인과의 관계를 바로 세우는 데에 목적을 두고 학교 구성원 모두의 인권과 평화로운 관계를 세우는 실질적 방법으로, 서로 다름의 인정과 관용적인 태도, 민주적인 대화기법, 소통하는 방법, 타인을 배려하고 존중하는 자세로서의 경청과 공감의 기본자세를 연습하고 실천한다.

2학년이 되면 생태에 대해 광범위하게 접근한다. 인간과 자연, 기후변화, 소비생활, 환경과 지속가능한 발전, 순환적 생태, 자연재해 등을 통해 인간의 개발과 성장에 대해 생각하고 소비 형태에 대해서도 고민하는 시간을 가진다.

3학년에서는 다문화교육을 통해 민주주의와 인권, 서로 다름에 대한 존중, 편견과 차별로부터의 자유, 세계시민으로서의 자세와 실천, 우리 사회의 다문화에 대한 성찰과 반성 등 다양하게 진행한다. 다문화교육을 통해 글로벌 시대를 사는 오늘날, 누구나 국경을 넘는 이동(유학, 취업, 결혼, 이민, 여행 등)이 가능하여 사회적 소수자가 될 수 있다. 우리나라도 다문화 사회에 진입해 가는 상황이지만 문화적·의식적 준비가 안 된 상태이다. 어떻게 다문화교육을 통해 모든 구성원들의 '인권과 평화'를 증진할 것인가? 하는 문제에 우리 사회는 직면해 있다. 이 모든 교육과정의 궁극적인 목적은 학생들이 '인권과 평화'라는 보편적 가치를 추구하는 민주시민으로 성장하는 데에 있다."

의정부시, 김○주(2016년 9월 28일 면담에서)

[표 8] 인권과 평화 주제통합 민주시민교육

통합 주제	학년	학년 주제: 모든 교과 참여
인권과 평화	1	자존감과 관계: 인간으로서의 자존감, 타인과의 관계, 인권, 평화, 다름, 대화, 소통, 공감, 존중
	2	생태와 환경: 인간과 자연, 기후변화, 소비생활, 환경과 지속가능한 발전, 순환적 생태
	3	다문화교육: 민주주의와 인권, 서로 다름에 대한 존중, 편견과 차별로부터의 자유, 세계시민으로서의 자세와 실천, 우리 사회의 다문화에 대한 성찰과 반성

수업 사례 4

혁신학교운동이 곧 민주시민교육이다

"학교가 중소도시의 외곽 지역에 위치한 농촌 지역이라 학생 수가 급감하면서 폐교 위기가 왔다. 이때 학교를 살린 것이 바로 혁신학교가 되면서부터이다. 농촌 지역이라 하더라도 학교가 없을 정도이면 사람이 살 수 없는 곳과 마찬가지다. 젊은 사람들이 자식을 키우고 살아가려면 학교가 지역사회의 문화중심지 역할을 해야 한다. 농업으로 생계를 이어 가고 건강하게 지역사회를 살릴 수 있는 경제적 기반을 구축하면서 질 높은 삶이 실현되는 현실적인 변화와 시스템이 필요하다. 이처럼 살기 좋은 지역공동체를 만들기 위해서는 학교를 중심으로 변화가 필요하다는 깨달음에서 혁신학교운동이 시작되었다.

민주시민교육이라고 특별히 이벤트화하여 별도로 진행하지 않는다. 일상적인 수업에서 교과통합으로 교육과정을 재구성하여 수업하는 모든 과정이 민주시민교육이라고 생각한다. 주제통합수업에 함께 참여한 교사들은 모두 민주시민교육을 실천하는 교사라는 자부심을 가진다. 일반적으로 한 달에 2~3주, 4~5과목의 교과가 주제통합에 참여하고 있다. 나는 이러한 주제통합수업을 주도하는 중심적 역할을 하고 있다. 나는 국어과인데 교과의 특성상 거의 모든 교과통합과정에 결합하기 때문에 국어과의 수업 자체가 모두 민주시민교육이라 생각하고 진행한다."

군산시, 양○희(2016년 7월 14일 면담에서)

"혁신학교의 진정성은 수업혁신이다. 그것의 모델을 만들어야 하는데 동료들과 함께 만드는 주제통합수업이 최고라고 생각한다. 처음엔 방법과 기술적인 면이 중시되었으나 점차 삶과 연계한 내용으로 자연스럽게 발전했다. 장애인권교육을 통해서 학생들은 장애인을 비하하는 발언을 스스로 자제하는 모습을 보여 주었고, 세월호 참사를 겪으면서 교사들은 생각하고 실천하는 시민을 길러야 한다는 암묵적인 합의가 일어났다. 우리 학교의 경우 크게 주제통합수업 세 가지를 소개할 수 있다. 첫 번째는 세월호 추모수업, 두 번째는 장애인권 바로 알고 실천하기, 세 번째는 언어문화 개선 통합수업을 들 수 있다. 좀 더 세밀하게 살펴보면 다음과 같다. 국어과와 사회과, 정보과가 같이 한 3학년 수업과정에서 '세월호 추모수업'으로 국어 시간에 『엄마. 나야.』에서 4편, 『금요일엔 돌아오렴』을 읽고 이야기 나누기, 사회 시간에 '대통령과 행정부의 지위와 기능'을 배우고, 세월호 참사가 났을 때 대통령과 행정부는 어떻게 했어야 하나? 재난에 처한 국민의 생명과 안전을 구조해야 할 정부는 무엇을 하고 있었나? 하는 이야기 나누기와 이를 바탕으로 정보과에서 추모 동영상 만들기를 진행했다.

'장애인권 바로 알고 실천하기' 주제통합수업은 도덕, 사회, 국어, 특수, 기술·가정, 영어, 미술과에서 같이 1, 2학년 전 과정에서 진행했다. 먼저 도덕 시간에는 인권에 대한 학생의식조사를 설문으로 진행했다. 이어서 사회 시간에 인간의 존엄성과 평등에 대하여 공부하고 우리 지역 안에서 이를 훼손하는 사례를 찾아서 조사하기, 국어와 특수교사가 함께 하는 수업으로 「괜찮아」라는 수필을 읽고 장애인권에 대한 토론과 글쓰기 교육을 진행하고, 기술·가정 시간에 아동과 청소년의 복지에 대하여 외국과 비교하여 알아보기, 영어 시간에 공공장소에서의 규칙 만들기, 미술 시간에 공익 픽토그램으로 표현하기를 전개했다. 그 과정에서 인권 캠페인을 실천 영역으로 동시에 진행했고, 교내의 특수교육 대상 학생들과 더불어 인권학교 만들기를 위해 노력할 점을 약속하는 성과를 내었다.

'언어문화 개선 통합수업은 1, 2학년에서 국어, 영어, 기술·가정, 미술, 수학 교과에서 참여했다. 먼저 국어 시간에는 청소년들의 언어문화에 대한 수업을 한 후에 하루 종일 교실에서 사용하는 언어를 5일 동안 녹음한 뒤, 이를 수학 시간에 통계 처리하여 언어생활을 반성하게 했다. 이어서 국어 시간에는 쓰기 윤리와 매체를 활용한 표현하기, 영어 시간에는 폭력적인 언어를 평화적인 언어로 고쳐서 의사 전달하는 연습하기, 즉 비폭력대화법 공부를, 기술·가정 시간에는 컴퓨터와 정보통신기술의 이용에 대한 예의와 법률, 사이버 폭력에 의한 피해자들의 고충 알아보기, 미술 시간에는 친구사랑 표현이 담긴 로고를 넣은 반티셔츠 제작으로 이어졌다."

군산시, 양○희(2016년 7월 14일 면담에서)

[표 9] 인권 주제통합 민주시민교육과정

주제 통합	주제	교과	내용
인 권 과 평 화	언어 생활 개선	국어	청소년들의 언어문화에 대한 수업 5일간 종일 교실에서 사용하는 언어 녹음하기 쓰기 윤리와 매체를 활용한 표현하기
		영어	비폭력대화 연습하기
		기술 가정	사이버 폭력에 의한 피해자들의 고충 알아보기
		수학	녹음한 언어의 통계 처리
		미술	친구사랑 표현의 로고를 담은 반티셔츠 공동제작
	장애 인권 교육	도덕	인권에 대한 학생 의식조사(설문)
		사회	인간의 존엄성과 평등에 대하여 우리 지역 조사하기
		국어 특수	「괜찮아」 수필 읽기를 통하여 장애인권에 대한 토론과 글쓰기 교과융합수업
		기술 가정	아동과 청소년의 복지에 대하여 외국과 비교하여 알아보기
		영어	공공장소에서의 규칙을 만들어 영어로 표현하기
		미술	공익 픽토그램으로 표현하기
	사회 참여 실천	전체	인권 캠페인 활동, 인권학교 만들기 약속

양○희 교사는 면담에서 혁신학교 4년의 과정에서 일구어 낸 최고의 결정체는 교육과정 재구성을 통한 주제통합수업으로 민주시민교육을 목적으로 한 일이라고 분명히 하였다. 여전히 어렵고 힘들지만 한 사람의 교사가 이야기하기보다 같은 주제로 여러 명의 교사가 교과수업 시간에 다른 방법과 내용으로 같은 주제에 접근하는 것은 학생들과 교사에게 모두 도움이 된다고 경험을 털어놓았다. 학생들은 여러 교과 시간에 다양한 내용과 방법으로 인권 이야기를 배우게 되어 인권에 대한 확산적 사고, 창의적 표현 등 폭넓은 공부가 되었고, 교사들도 같이 논의하는 과정에서 서로 배움이 일어나고 성장했다고 한다. 주제통합수업은 학생뿐만 아니라 교사들을 성장시키는 동력이 되었다. 이러한 주제통합수업으로 민주시민교육을 한 것은 혁신학교이기 때문에 여러 교사들이 논의하는 과정에서 교육과정 재구성으로 함께 일구어 낸 성과라고 할 수 있었다.

수업 사례 5
평화로운 교실 만들기

세종시에서도 민주시민교육으로 바쁜 일상을 보내는 정○숙 선생을 만났다. "교육과정 재구성으로 여럿이 함께 하는 주제통합수업이야말로 민주시민교육의 꽃"이라고 그는 표현하였다. 또 민주시민교육은 전체 학생을 대상으로 하는 수업과정에서 녹여내는 것이 가장 어렵고도 중요한 일이라고 지적하였다.

[표 10] 평화로운 교실 만들기 주제통합 민주시민교육

주제	교과	프로젝트명	수업 내용
평화로운 교실 만들기	국어	방관자 프로젝트	• 소설 『방관자』 책 읽기 • 8주에 걸쳐 소설작품을 통해 학교폭력을 둘러싼 사람들의 심리를 깊이 이해하고, 다양한 독후활동을 통해 타인을 배려하는 태도를 가질 수 있는 기회를 제공함. (토론하기, 인물의 심리 파악하기, 등장인물에게 편지 쓰기, 갈등구조 이해하기, 방관자적 삶의 태도가 드러난 사회 현상 알아보기, 주제와 관련된 시를 감상하고 연관 지어 해석하기, 국어 밴드에서 친구들의 글 공유하기 등 국어교과 성취기준과 연결해 교육과정 재구성을 한 수업활동)
	사회	비폭력대화 프로젝트	• 『비폭력대화』 책 읽기 • '비폭력대화' 신문 만들기 • 가정, 학교, 사회 속 갈등 상황을 소재로 비폭력대화와 관련하여 시나리오 쓰기 • 비폭력대화 시나리오로 연극하기 • 비폭력대화가 필요한 상황 글쓰기 • 비폭력대화로 양파 실험하기 • 비폭력대화 연습하기
	도덕	배려 소통 프로젝트	• 『열세 살, 학교폭력 어떡하죠?』 책 읽기 • 독서활동 후 비폭력대화로 다양한 학교폭력예방교육(주인공 중 누구의 사례가 가장 안타까웠는지 공유/주인공의 변화된 모습 경험해 보기, 즉 자기 존중감 경험하기 등) • 배려 소통 주제로 봉사활동계획 및 실천해 보기 • 〈리멤버 타이탄〉 영화 보고 인종차별 문제에 대한 토론하기 • 사이버 폭력 주제로 만화 만들기 • 문화상대주의에 대한 수업 진행 • '사회적 약자'에 대한 신문기사 읽고 고소장 써 보기

"학년협의회에서 여러 가지 학내 문제를 두고 거듭 회의를 하였다. 그중에서 가장 좋은 방법은 수업에서 깊이 있는 주제로 가져가지 않고서는 평화로운 학생들 간의 관계를 유지하고 발전시키거나, 비폭력대화를 할 수 있는 언어 능력을 배우기가 어렵다고 판단했다. 그래서 교과수업에서 자연스럽게 배려, 존중, 공감능력, 의사소통을 민주적으로 할 수 있는 능력을 배우고 가르

쳐야 했다. 긴 안목으로 바라보고 보다 많은 교과가 같이 참여하게 되면 더 효과적일 것이라고 확신한다. 올해는 처음 시작하는 단계라서 국어, 사회, 도덕 3개 교과에서 5명이 같이 한 프로젝트 수업으로 진행했다. 학교공동체 생활에서 타인을 배려하고 존중할 줄 아는 민주시민으로서의 기본적 자질을 육성하는 데에 초점을 맞추고 각 교과의 성취기준과 연결하여 교육과정 재구성을 하고 실시한 내용이다.

그동안 교사들이 배운 '배움의 공동체' 철학으로 실천했는데 학생들도 진지하게 참여하면서 주도적으로 만들어 나가는 과정을 보고 자신감을 얻었다. '이것이야말로 민주시민교육이구나, 이렇게 아이들이 민주주의를 배우는구나' 하는 감동이었다. 같이 참여한 다섯 명의 교사들은 처음 시도하는 실험적 수업이었으나 얻은 것이 많은 한 학기를 보내고 다시 민주시민교육에 대한 의지를 불태우고 있다."

세종시, 정○숙(2016년 7월 14일 면담에서)

3장
여럿이 함께 하는 사회참여 지향적 수업

민주주의는 내가 살고 있는 지역사회와 닿아 있다. 왜냐하면 내 삶이 지역사회에서 이루어지기 때문이다. 궁극적으로 민주시민은 지역사회를 바로 알고 이해하며 자신이 살고 있는 지역사회에 참여하여 질 높은 민주사회를 만들어 가는 사람이다. 사회참여 지향적 민주시민교육을 통해 아는 것을 실천하는 시민, 비판의식과 대안 찾기, 모든 사회 구성원들이 삶의 주체와 주인 되기, 시민으로서의 권리와 의무, 연대와 실천, 문제 상황에 대한 판단력과 개선능력, 시민들이 일상생활에서 민주주의를 경험하는 과정, 모든 구성원의 인간다운 삶(인권)을 위한 공적 의사결정 과정에 참여하여 연대와 책임을 나누는 삶을 지향한다. 이는 더 나은 삶을 위한 주도적이고 자율적인 참여·실천 지향적 민주시민교육이라고 할 수 있다. 따라서 민주시민교육은 궁극적으로 사회 지향적으로 작동하여 모든 구성원이 인간다운 삶을 위한 공적 의사결정 과정에 참여하고 삶으로서의 민주주의를 경험하는 운동적 성격을 가지고 있다.

한편 사회참여 지향적 수업은 여러 교과의 교사들이 동시에 참여하여 집단적으로 수행할 때 가능하였다. 교실에서 먼저 탐구수업, 토론수업, 생각 만들기 등의 과정을 여러 교과에서 학습한 후에 현장체험활동으로 직접 참여하는 것으로 나타났다. 이 과정에서 학생과 교사 모두 지역사회와 만날 수 있었고, 앎이 곧 삶이 되는 경험을 하였다. 사회참여 지향적 수업으로 청주, 의정부, 파주, 오산에서 진행한 5개의 수업 사례를 들고자 한다.

수업 사례 1
내 고장 '직지' 바로 알기

역사-미술-국어-프랑스어 교과융합으로 이루어진 수업이다. 역사 시간에는 금속활자의 역사, 인류 문화를 질적으로 도약하게 한 활자의 발명, 활자의 보급으로 지식과 정보의 확대와 영향, 이와 관련된 고려의 지식문화 등을 탐구하였다. 미술 시간에는 사진과 기록물을 정리하고 내 고장 '직지' 알리기 홍보물을 제작하였다. 프랑스어 시간에는 '직지'를 프랑스어로 제작하여 외국에 알리는 방법을 찾기도 하였다. 이러한 교과융합수업을 한 후에 체험활동 시간을 이용하여 고인쇄박물관을 직접 방문하여 학예사로부터 자세한 설명을 들었다. 이러한 과정을 마친 후에 국어과에서는 고문서를 번역하고, '내 고장 직지 바로 알기' 학습 결과물을 PPT로 만들어 공공정책으로 '직지 번역 비엔날레'를 제안하였다. 청주시청 담당 공무원은 반색하며 학생들의 의견을 경청하였고 적극적으로 반영하겠다는 약속을 하였다. 학생들은 우리 고장과 관련 있는 직지 인쇄문화를 널리 홍보하고 지역에 대한 자부심을 키우는 수업으로 평가하였다.

"금속활자본 「직지」는 청주 흥덕사에서 1377년에 간행되었고, 독일의 금속활자본 「구텐베르크 42행 성서」보다 78년이나 앞서 간행되었어요. 「직지」는 현존하는 세계 최고의 금속활자본으로 인류 문화사에 끼친 가치를 인정받아 2001년 9월에 유네스코 세계기록유산으로 등재되었어요. 현재 청주 고인쇄박물관에 보관되어 있는데, 인류 역사에서 지난 천 년 동안에 일어난 일 중에서 가장 위대한 사건입니다. 금속활자 발명이 우리 고장인 청주를 중심으로 일어나 지식 확대로 인류 문화 발달사에 가장 큰 공헌을 한 것으로 평가되고 있습니다. 그런데 '등잔 밑이 어둡다'는 속담이 있듯이 우리 학생들이 우리 고장이 품고 있는 자랑스러운 문화유산을 잘 모르는 것이 안타까웠어요. 그래서 이 프로젝트 수업을 기획하게 된 거죠."

청주시, 나○정(2016년 7월 7일 면담에서)

수업 사례 2
새로운 우리 지역을 상상하다

'예술과 문화, 역사가 숨 쉬는 서울통합기행과 새로운 우리 지역을 상상하다'라는 이 프로젝트는 학생들에게 삶과 앎의 일치를 꾀하는 자리였으며, 배움이 얼마나 가슴 뛰고 행복하게 하는 일인지 맛보게 해 주었다. 그리고 자신이 속한 지역에 대한 가치와 의미를 재발견하게 했다. 이 프로젝트 이후 꽤 많은 아이들의 꿈이 시민단체 직원, 통합 100만 시대를 대비하는 청주시청 공무원으로 바뀌기도 했다. 이 프로젝트 수업 후 학생들이 제안하여 청주시장 관사를 김수현드라마아트홀로 조성하여 학생들의 아카데미와 진로체험장으로 활용하고 있다. 드라마아트홀은 지역 명소가 되도록 청주시가 운영하고 관리하기로 결실을 맺었다. 또한 청주시 호암골 체육공원이 학생 제안으로 리모델링되었고, 우암어린이회관이 손병희기념관으로 탄생하여 재조명되는 성과를 가져왔다.

"먼저 성장한 도시(서울)를 직접 가서 보고 새로운 우리 지역을 학생들이 직접 디자인하는 일이다. 국어, 역사, 미술, 프랑스어과 교사들이 함께 하는 주제통합수업이었다. 학생들은 모둠별로 미리 탐방계획서를 작성함으로써 자신들이 보고 듣고 느낀 점을 우리 지역에 적용하여 어떻게 새롭게 꿈꾸고 제안할지 고민했다. 서울통합기행은 토요일을 온전히 쏟은 고된 일정이었지만, 윤동주문학관 해설사의 세심한 배려와 설명으로 감명 깊게 시작되었다. 쓸모없는 건물이라고 부숴 버리고 공원이나 아파트를 만들 수 있었음에도, 우리나라를 대표하는 문학가 윤동주의 이야기를 담은 건물로 재탄생시킨 창의력과 상상력에 감동했다. 이어서 찾아간 수성동 계곡은 조선시대 겸재 정선의 그림대로 복원되어 도심 한복판의 허파임을 확인했고, 조선부터 현대까지의 시간을 간직한 서촌 골목길, 상인과 지역 주민의 집단지성으로 이뤄 낸 통인시장 도시락카페, 다양한 세계인이 어울려 사는 서래마을에서 아이들은 오래된 미래를 읽어 냈다.

기행 후 일주일 동안 아이들은 우리 지역을 새롭게 상상하는 보고서를 작성했다. 함께 모여 협의하는 시간을 갖고자 스스로 한 시간 일찍 등교하기도 하고, 각자 잘하는 일을 찾아 분업을 하는 등 눈부시게 발전했다. 교사는 그저 아이들이 작성한 보고서의 개요와 초고를 보고 방향 설정에 관한 조언을 해 줄 뿐이었고, 아이들은 인터넷과 도서관으로 맘껏 지식과 정보의 항해를 즐겼다. 발표회를 위해 국문과 교수, 청주시청 도시재생팀장, NGO센터 간사 분을 외부 전문가 패널로 모셨다. 전문가들에게 보고서를 메일로 보내며 형식보다는 학생들의 마음, 창의성, 열정을 봐 주십사 하는 부탁을 드렸을 때, 그분들은 오히려 학생들의 방대한 관심사, 정보력, 그리고 빛나는 아이디어에 본인들이 많이 배운다는 감사한 말씀을 주셨다. 학교 시청각실에서 금요일 오후 동아리 시간을 활용하여 학부모, 교사, 학생들이 모인 자리에서 통합기행 참가자 약 40명은 10개의 팀별로 발표했고 초청 전문가들과 예리한 질문과 숙고의 답변이 이어졌다. 국내 삼겹살의 효시인 서문시장 활성화 세부 방안, 직지 전통에 따른 출판문화 부흥을 위한 번역 비엔날레 제안, 폐교될 중앙초등학교를 예술가 레지던시 및 방과 후 학교로 활용할 것을 제안, 시청 관사를 김수현드라마아트홀로 만들어 진로체험 연계 장소로 활용할 것, 신채호 사당의 유기농 마을 연계 발전 방안, 프랑스 파리의 롬나드 플랑테에서 영감을 얻은 인본주의적 도시개발 등 저마다 발랄하고 안목 있는 제안이었다."

청주시, 나○정(2016년 7월 7일 면담에서)

청주 지역사회 정책 제안을 우리 학생들이 했어요

"여러 선생님들이 우리 아이들에 대한 새로운 발견이었다고 입을 모으셨지요. 내 수업 시간에 잠만 자던 아이가 무대에서 저렇게 똑똑하게 펄펄 날 수 있음을 알게 해 주었어요. 이후 언론이나 뉴스에 잇따라 소개되기도 하여 참여자들의 자긍심은 한껏 커져 갔고, 우리 지역에 대한 사랑과 신뢰도 깊어졌어요. 대학 진학은 무조건 서울 지향적인 학생들이 이제는 도시공학, 도시 재생, 인문학 등 다양한 학문 분야에 눈을 떴고, '지역에서 공부하고 여기서 살면서 함께 나누고 기여하는 삶'에 대해 생각을 해 본다고 합니다. 무엇보다 '학교 공부가 이렇게 쓸모가 있었구나' 하는 자부심을 느끼게 된 것이 교사로서 큰 보람입니다. 요즘 지역 인재 유출이 심각하다고 하는데, 학교교육에서 지역에 대한 눈을 뜨게 해 준 교육과정을 만든 적도, 제대로 시도한 적도 충분하지 않았는데 우리가 시도한 것 같아서 자랑스럽게 생각해요. 어느 곳이든 사람이 사는 지역은 인권이 보장되고, 무엇보다 인간 친화적 환경과 문화가 구축되어야 하는 것 아닐까 생각합니다. 지역을 사랑하는 인재를 길러 내어 지역사회의 문화가 융성하고 지역 경제가 살아나는 선순환 구조를 만드는 것이 교육의 사명이라고 믿어요."

청주시, 이○대(2016년 7월 7일 면담에서)

수업 사례 3
전통시장 살리기, 함께 사는 세상

의정부에서 근무하는 김○주 선생님은 혁신학교 초기부터 학교에서 중심적 역할을 맡았다. 사회참여 지향적 민주시민교육 과정을 진행한 그는 혁신학교를 자랑스럽게 이야기할 수 있는 여러 가지 중에서 가장 강력한 것은 수업혁신을 통한 민주시민교육이라고 경험담을 들려주었다. 전통시장 살리기 프로젝트 수업은 시장 현장을 직접 찾아가는 과정으로 진행되어 상인들과 친밀한 관계가 되었다. 우리들의 삶이 여유로워져야 지역 경제가 살아난다는 것도 자연스럽게 알게 되었다. 지역사

[표 11] '전통시장과 우리 지역 경제' 참여 교과와 내용

통합 주제	참여 교과	사회참여 지향적 수업의 내용 접근
재래시장과 지역 경제	사회	수요와 공급의 기본 원리 대형마트 의무휴무제와 노동자의 쉴 권리 전통시장 또는 골목 상점은 왜 대형마트에 잠식될까?
	역사	우리 지역 전통시장의 역사 조사, 시작-번성기-현재 상황
	수학	가계 소득의 변화와 손님의 증감을 표로 나타내기
	국어	시장 상인들의 구술을 이야기 형식으로 담은 약전 쓰기
	기술·가정	윤리적 소비와 전통시장의 만남은 가능한가?
사회 참여	1차	전통시장 나들이와 조사 작업
	2차	'1일 바자회' 개최와 수익금은 지역연대사업에 기부
	3차	월 1회 부모님과 같이 전통시장에 장 보러 가기 사회적 약속

회의 선순환 경제 살리기의 일환으로 7~8개의 교과에서 참여한 주제통합 사회참여 수업으로 '전통시장과 우리 지역 경제'의 깊은 관련을 알게 된 기회였다.

"아이들은 대형마트에서 쇼핑하는 것에 익숙해져 있어요. 대형마트 의무휴무제는 왜 해야 할까? 이는 대형마트에서 일하는 노동자의 쉴 권리나 건강권과 어떤 관련이 있을까? 골목 상권 살리기, 전통시장 활성화에 대한 이야기를 소비자 측면에서 할 때가 된 거라고 의견이 모아졌어요. 그래서 사회참여 교육과정으로 '전통시장 살리기와 우리 지역 경제'는 함께 사는 세상을 생각해 보는 계기가 될 수 있는 수업을 했는데요. 예를 들면 '전통시장 살리기' 활동은 사회과에서 경제와 관련한 학습을 먼저 한 뒤에 마을의 재래시장을

조사하고, 수학 시간에는 조사 결과를 도수분포표나 꺾은선그래프로 만들고 이를 통해 가계소득 수입의 변화, 물가의 상승, 재래시장 손님의 증감, 재래시장 상인들의 고충을 쉽게 알 수 있었습니다. 국어과에서는 시장 상인들의 구술 이야기를 바탕으로 일인 전기 내지는 삶에 대해 글쓰기를 했고, 무엇보다 직접 현장에 나가서 아이들이 상인들을 만나고 그분들의 이야기를 듣는 과정에서 많은 걸 배울 수 있었던 것 같습니다. 특히 그중에서 미리 상인번영회와 의견을 나누고 '1일 바자회'를 열어서 직접 장사를 하고 수익금은 지역연대사업에 기부했던 경험이 가장 좋았다고 합니다. 우리 지역에서 재래시장을 살린다면 그곳을 바탕으로 많은 지역민들의 삶이 이어진다는 것, 예로부터 내려오는 구수한 시장 인심을 경험할 수 있다는 것, 또 청년들이 사회적 협동조합으로 창업한 전통 떡집에서는 사회적 협동조합에 대한 이야기와 창업 이야기를 들을 수 있었죠. 전통재래시장 활성화를 위한 실천으로 일요일엔 부모님과 같이 재래시장에 장 보러 가기 등의 이야기를 나누었지요. 그래서 궁극적으로 함께 사는 세상을 우리가 참여함으로써 만들어 가는 거지요."

의정부시, 김○주(2016년 9월 28일 면담에서)

수업 사례 4
통일 한반도의 생태도시를 꿈꾼다

경기도 파주는 임진강이 흐르는 지역이다. 겨울이면 철새가 날아와 임진강과 주변의 들녘은 장관을 이룬다. 분단이 지속되면서 북한의 경계선과 가깝다는 이유로 버려지다시피 했던 땅이다. 그러나 파주는 고려의 도읍인 개성과 조선의 도읍인 한양의 중간 지대이다. 이 지역에도 사람이 살고 있고 또 살아가야 할 소중한 터전이다. 지역 주민들은 대체로 농업에 종사하면서 살고 있다. 한편 아이들은 도시로 나갈 궁리를 하면서 성장한다. 그러나 한반도의 통일 과정이나 통일 후를 상상해 보면 파주지역은 무한한 발달 가능성을 지닌 곳이다. 이에 교사들은 이러한 지역사회의 자연 자산을 어떻게 활용할 것인가를 생각하고 고민하게 되었다. 학생들이 지역사회의 주인으로서 지역사회를 발전시키는 방안을 모색하는 공부는 매우 의미 있을 것이다. 그렇게 되기 위해서 한반도의 평화 정착과 통일 지향적인 지역 시민들의 의지도 중요한 곳이다. 특히 남북한 경제교류와 자유로운 왕래로 그 물꼬를 터야 한다. 지역사회에서의 평화롭고 안정적인 삶을 위해서도 지역 주민들은 평화지향적인 사회적 노력을 해야 한다는 데에 의견을 모았다. 사회, 역사, 수학, 국어, 진로과에서 함께 진행한 '파주지역사회와 한반도 평화'라는 주제통합 민주시민교육을 진행했고, 체험학습 현장으로 임진각과 평화누리공원을 다녀왔다.

"정치적인 이유로 개성공단이 폐쇄된 것은 안타까운 일입니다. 경제교류로 남북한 모두 윈윈 할 수 있는 곳이었는데, 다시 재개되기를 바랍니다. 개성공단 노동자 평균임금이 약 130달러인데, 우리나라 돈으로 환산하면 40만 원 정도에도 못 미치는 돈입니다. 세계 어느 나라에 가도 이런 저임금으로 노동자를 고용할 수 없고, 1시간 남짓 걸리는 거리라서 물류이동 비용도 국내와 같습니다. 무엇보다 북한 노동자 5만 3천여 명이 실업자가 되었으니 그 가족들까지 얼마나 막막하겠습니까? 실업이 곧 생존과 직결되는 것은 어디나 마찬가지일 겁니다. 인도적인 차원의 무조건 지원도 아닌 계약에 의한 일

[표 12] 파주지역사회와 한반도 평화

통합 주제	참여 교과	사회참여 지향적 수업의 내용 접근
파주 지역사회와 한반도 평화	사회	남북 경제교류와 통일의 밑거름
	역사	DMZ 형성의 배경과 법적·정치적·군사적·국제적 의미
	수학	남북 주요 도시 간 거리, 면적, 소요 시간 등의 계산
	국어	남북 이질적 언어를 통일언어로 만들어 보기
	진로	〈남북공동경비구역〉, 〈만남의 광장〉 영화 감상과 토론
창의적 체험학습		임진각 평화누리공원 현장체험학습

- 비무장지대: 남북 각 2km, 동서 248km
- 평화생태공원 만들기: 면적 총 992km²
- 민간인 통제구역: 남북의 접경지역 민통지역(5~20km X 2)
- 서울-평양 거리(경의선 또는 서해안 도로): 200km
- 서울-개성공단: 60km
- 인천공항-개성: 50km
- 임진각-서울: 53km
- 임진각-개성: 22km

비무장지대(DMZ) 생태 이야기를 그린 표지판

터인데 걱정이죠. 또한 남한에서 진출한 기업이 도산하거나 폐업의 위기를 맞음으로써 결과적으로 개성공단 폐쇄로 인하여 잃은 게 너무 많다고 생각합니다."

파주시, 오○훈(2016년 10월 22일 면담에서)

"수학 시간에 배우는 평화수업은 바로 접경지역에 살지만 정확히 모르고 지냈던 거리, 면적, 소요 시간 등을 우리가 갈 수 있는 다른 지역과 비교하여 이야기를 나누게 되니 빠르고 쉽게 이해했어요. 만약 전쟁이 재발한다면 가장 큰 피해 지역이 될 수 있기 때문에 평화구축을 위한 시민들의 노력, 통일 추진 정책을 위한 제안을 생각할 수 있었어요."

파주○○중학교 중2, 이○○(2016년 10월 22일)

수업 사례 5
'성 평등한 사회를 만들자'

부분적으로 몇 개의 교과가 융합하거나 주제통합으로 해 오던 성 평등 교육을 모든 교과가 동시에 함께 진행한 사회참여 지향적 수업을 들 수 있다. '강남역 묻지 마 살인사건' 등으로 우리 사회에 빠르게 퍼지며 나타나는 여성 혐오 현상을 극복하고자 하는 목적의식적인 의도에서 시작하였다. 일간베스트와 이에 대응하는 메갈리아의 혐오 담론에 대한 토론, 여성의 사회적 지위를 비교한 국제비교지수, 사회 진출에서 어려움을 겪는 여성을 찾아서 인터뷰하기, 같은 일을 하지만 남성보다 낮은 임금을 받는 여성의 이야기, 여전히 가사와 육아에 시달리는 기혼 여성의 삶, 여성을 외모로 차별하는 사회적 압박 등 다양한 이야기를 함께 하고, 우리 사회의 '성 평등 사회 만들기[7] 수업'과 이를 확산하기 위한 '성 평등 사회를 위한 시내 캠페인' 활동으로 진행하였다.

---

7. 일반적으로 많이 사용하는 '양성평등'이라는 말은 성을 남성과 여성, 양성으로만 구분하나, 이 책에서는 성적 소수자의 인권을 보장하는 보다 민주적인 사회를 지향하는 의미에서 다양한 성적 지향이나 제3의 성을 인정하는 '성 평등'이라는 용어를 가치 지향적으로 사용함.

[표 13] 성 평등 사회를 위한 사회참여 지향적 수업

통합 주제	참여 교과	사회참여 지향적 수업의 내용 접근
성 평등 교육	사회	양성평등이 아닌 성 평등이라고 하는 이유에 대하여 성차별 문화에 대한 경험 나누기 차별에 맞서 투쟁한 용감한 여성들
	역사	우리나라 근현대 여성운동의 전개과정
	수학	우리나라 남녀 임금 격차, 공기업 또는 대기업에서 고위 인사 남녀 비율 조사, 공무원합격률과 현재 공직에서 고위직 남녀 비율 조사
	국어	여성 비하적, 성차별적 언어 찾기 왜 나는 결혼과 출산을 기피하는가? '언니 인터뷰' 하기
	영어	문화와 성차별 영어와 남성은 권력인가? 왜 '페미니즘, 페미니스트'라는 단어에 겁을 먹는가?
사회 참여	1차	성 평등 사회를 만들자는 길거리 서명운동과 피켓운동 전개
	2차	일간베스트와 메갈리아의 혐오 담론에 대한 토론회
	3차	총평가회를 통한 성 평등 문화 확산의 사회적 실천 다짐

성 평등 교육을 국어, 영어, 사회, 미술, 수학 등 각 교과에서 주제통합수업으로 진행한 후에 학생들이 교내에서 한창 인터넷을 뜨겁게 달구고 있는 일간베스트와 메갈리아의 혐오 담론에 대한 토론회를 진행하였다. 토론에서 학생들은 정보통신을 이용한 혐오 문화의 확산과 그 영향에 대하여 이야기를 듣고, 자기 생각을 말하기 시작했다. 그다음에는 시내로 나가서 성 평등 사회를 만들자는 서명운동과 캠페인 활동을 전개하였다. 교내에서는 캠페인 활동을 해 본 경험이 있는 학생들이라 일정 시간 캠페인 활동을 하고 나면 서로 "수고했다"는 인사로 마무리하는 게 일반적었는데, 학생들이 시내 곳곳에서 '성 평등 문

화를 확산합시다'라는 주제로 3~4명씩 캠페인을 진행하면서는 불평등한 문화를 경험하는 일이 비일비재했다. '성 평등 사회를 만들자'라는 캠페인을 하는 학생들을 보고 20대 남성이 여성 비하 발언을 하며 지나가는가 하면, 어떤 할아버지는 "여자가 하라는 공부는 안 하고 길거리에 나와서 뭐하느냐?"고 시비를 걸기도 하고 못마땅한 시선으로 훑어보는 사람도 있었다고 한다. 반면에 서명운동에 참여하고 격려해 주는 사람들도 많아서 힘을 얻기도 했다. 이렇게 직접 경험한 학생들이 학교로 돌아와서 그들이 만난 사람들의 반응에 대하여 서로 이야기를 나누었고, 우리 사회가 여전히 여성에 대한 불평등한 시선을 가지고 있다는 데에 충격을 받기도 했다. 교실에서 배우는 것을 넘어 교실 밖 사회 속으로 사회참여 교육과정을 운영했을 때, 비로소 학생들은 더 많은 직접 경험을 얻고 다시 교실에서 이야기할 수 있었다. 교실에서 배우고 익힌 것을 직접 사회 속에서 참여하여 실천하는 교육은 정말 중요한 경험이 되었다. 이를 바탕으로 다음의 질문을 함께 이야기해 보자.

질문 1. 우리는 왜 '페미니즘, 페미니스트'라는 말을 불편해하는가?

질문 2. "나는 페미니스트이다"라고 선언할 수 있는가? 만약 망설이거나 주저한다면 그 이유가 무엇인지 이야기해 보자.

질문 3. 일상생활에서 불평등한 성 문화를 드러내고 불편한 점을 찾아서 이야기해 보자.

오산시, 세마중 염경미

4장
프로젝트 수업으로 실천하는 민주시민교육

다음의 수업 사례는 세마중학교에서 배공실모 교사들이 주제통합수업을 하며 민주시민교육 과정을 거친 후에 중간고사나 기말고사를 친 후, 수업 누수기에 진행한 프로젝트 수업이다.

[표 14] 프로젝트 수업 실천 프로그램

	시기	차시	주제	내용
프로젝트	7월 중순	3	평화 인권	NIE로 표현하는 평화와 인권 이야기
	10월 중순	4		학교공화국 정당 만들기 프로젝트
	12월 하순	6		평화 염원, 학급 걸개그림 제작

수업 사례 1
NIE로 표현하는 평화와 인권 이야기

전 교과에서 '인권과 평화' 주제통합수업을 마치는 1학기 말 프로젝트 수업으로 진행하였다. 신문과 잡지를 활용하여 주제에 맞게 NIE로

[표 15] NIE로 표현하는 모둠별 평화와 인권 포스터 제작 수업 흐름

주제	NIE로 말하는 모둠별 평화 인권 포스터 제작하기
수업의 흐름	전시 학습 확인 ⇨ 모둠별 평화·인권 주제 선정 및 구도 정하기 ⇨ 신문, 잡지에서 주제에 맞는 그림이나 사진, 메시지 전달할 것을 선별하기 ⇨ 주제에 맞게 제작하기 ⇨ 발표 및 피드백하기
수업 이야기	평화와 인권을 배우는 주제통합수업을 한 후에 프로젝트 수업으로 NIE 수업을 진행하여 학생들의 평화·인권 감수성을 표현하게 하였다. 아이들은 다양한 이야기를 전개했는데, 장애인권, 남녀평등, 빈부격차, 전쟁, 어린이 빈곤과 어린이 노동, 노인 문제, 질병, 주거난민, 실업청년, 인종차별 등 다양한 이야기를 전개했고, 외국인 노동자와 다문화에 대해서도 폭넓은 평화의 메시지를 올려서 교사-학생, 학생 상호 간 배움이 일어나는 귀한 시간이 되었다.
NIE 평화인권 수업 후기	학생들은 활동 위주의 모둠학습에 적극 참여하는 자세를 보였고, 자신이 찾은 그림이나 메시지가 포스터 제작에 기여한다는 것을 경험하면서 자랑스러워했다. 그중에는 주제에 맞게 이야기를 구성하여 설명하는 힘도 발휘하여 무엇인가를 만들어 내는 데에 대한 성취감을 보였고, 포스터를 전시하여 다른 친구들이 보게 함으로써 자존감을 살리고 다음 수업 활동을 기대하게 하였다. 모둠학습에 참여하여 기여하고 완성하는 즐거움을 학급, 학교, 지역사회, 국가, 지구공동체로 확산하는 사고가 가능하도록 지속적인 공부와 실천적 노력이 이루어지도록 도와야 할 것이다.

표현하는 인권 수업이다. 이미 '인권과 평화'를 주제로 교과마다 많은 배움이 있었다. 신문과 잡지, 광고지 등 폐휴지를 활용하여 모둠원들이 다 같이 주제에 맞는 그림이나 도표, 글씨를 찾아내고 구도에 맞추어 오리고 붙이는 작업을 통해 전달하고자 하는 메시지를 만드는 과정이다.

NIE로 표현하는 평화와 인권 이야기(3차시)는 모둠활동 영역이다. 이 프로젝트 수업은 주로 중간이나 기말고사가 끝난 수업 누수기에 진행하면 좋다. 특히 신문과 잡지가 풍부해야 하는데 학생들에게 사전에 공지하고 준비하라고 해도 충분하지 않아서 어려운 경우가 대부분이

다. 그래서 아예 신문은 학교에서 받는 신문을 한두 달 버리지 않고 모은다. 잡지는 아파트 분리수거하는 날, 현장에서 몇 박스를 주워서 차에 싣고 학교로 가져가는 방법을 선택했다. 거기에다 필요한 2절 색지, 풀, 가위 등은 미리 준비하고 주제에 대해서는 이미 주제통합수업으로 사전 공부가 되어 있는 상태이다.

　모둠별로 같은 주제 영역으로 진행하면 재미가 덜하므로 미리 학생들이 여러 주제로 공부를 한다. 외모·학벌·인종·지역·남녀·장애·다문화·종교·빈곤 등을 이유로 사회적 차별이 폭력으로 확대되고, 마침내 전쟁으로 이어지기도 한다. 인권과 평화를 침해한 요인이 된 영역을 주제어로 제시하여 제비뽑기를 하여 모둠에서 그에 적합한 이야기를 전개하도록 한다. 다른 모둠에게 설명하기 좋게 그림, 사진, 문자 등을

NIE로 표현하는 학생활동과 결과물

찾고, 필요한 부분에는 직접 그리거나 써 넣을 수 있다. 작업을 진행하기 전에 구도를 어떻게 잡을 것인지 모둠별로 결정해야 한다.

주제가 결정되면 그동안 주제통합수업으로 배운 평화와 인권 주제에 맞게 전달하고자 하는 내용을 구상하고 좌우대칭, 상하구도, 대각선 구도, 색상으로 구분하는 등 다양한 방법으로 포인트를 잡는다. 그다음 이와 관련된 내용으로 사진이나 그림, 글을 신문과 잡지에서 찾아 오리고 붙이는 활동으로 진행되며, 완성한 뒤에 모둠별로 발표를 하고 질의응답 시간을 가진다.

수업 사례 2
학교공화국 정당 만들기

학교공화국 정당 만들기 프로젝트는 학교를 하나의 공화국으로 가정하고 정당 만들기를 통해 정책이나 정강을 같이할 친구를 찾고 규합하며, 그것을 선전 선동하여 많은 사람을 끌어들이는 작업 과정을 거친다. 이 과정에서 많은 정당이 생성, 성장, 쇠퇴, 소멸의 시기를 거치게 되는데, 이를 통해 주의주장을 설득력 있게 펼치는 방법, 매력적인 문구나 선전활동, 다른 사람의 마음을 움직이는 방법을 익히게 된다. 이로써 합리적인 의사소통 능력, 경청, 공감, 합의, 민주적인 리더의 태도와 자세, 다른 사람의 말을 수용하는 개방적인 마음, 설득과 토론의 과정과 같은 민주시민교육을 경험하였다. 나아가 12월에 실시하는 학생회장 선거 과정에 반영되어 실질적으로 큰 도움을 주었다.

정당 만들기 프로젝트는 사회 시간에 정당에 대하여 배운 것을 전제로 진행된다. 먼저 정당의 발전 과정, 정당은 왜 민주주의 사회에서 중요한 역할을 하는가? 우리나라는 어떤 정당들이 있는가? 또 확산적 사고로 우리 청소년은 왜 정당에 가입할 수 없는가? 청소년 정책은 누가 결정하는가? 현재 만 19세 선거권 연령을 확대하는 방법이나 주장은 없는가? 어떤 사람이 정당에 가입하는가? 외국의 사례나 청소년 정치교육이나 선거권 연령이 어떠한지를 알아보는 시간이 되었다.

[표 16] 학교공화국 정당 만들기 프로젝트 수업의 흐름

주제	내 삶과 만나는 정당 만들기
수업의 흐름	전시 학습 확인 ⇨ 정당 만들기 ⇨ 정당의 정책, 정강 발표 및 선전 선동 ⇨ 헤쳐 모여, 평가
수업 이야기	학교를 하나의 공화국으로 가정하여 선거에 대비한 정당 만들기를 했다. 하나의 모둠이 하나의 정당을 만들고, 정당 이름을 만들고 정책과 강령을 만들어 선전 선동 시간을 거쳐 8개의 초기 정당이 헤쳐 모여를 거듭하여 2~3개의 정당이 살아남았다. 그중에는 많은 정당원을 가진 정당(올리고당)이 생기는가 하면 일정한 약속하에 다른 정당과 결합하거나 자체 해산을 하고 다른 정당이 더 낫겠다는 생각에 복속되기도 하는 과정을 거쳤다. 이러한 정당 만들기 프로젝트는 후에 학생회장 선거나 학생자치회 결성에 많은 도움이 되리라고 생각하여 기획했고, 지역사회에서 진행되는 교육감 선거, 지방자치 선거, 국회의원 선거, 대통령 선거 과정에서 정당에 대한 자기 입장을 지닐 수 있는 시간으로 삼고자 했다. 또 이 과정을 통해 정치적인 결정과 과정이 실생활의 우리 삶에 매우 큰 영향을 미친다는 사실을 알게 되었다.
정당 만들기 수업 후기	학교공화국 정당 만들기 프로젝트에서 나온 정당을 보면 학생들에게 급식이 가지는 의미가 가장 크다고 할 수 있었다. "밥 먹으러 학교에 온다"는 말을 증명하고 있다. 공부만 하려고 학교에 오는 것은 아니었다. 단적인 예로 학생들이 만든 정당으로 급식과 관련된 정당이 가장 많았다. 정당 이름으로 '식당', '맛있당', '올리고당', '점심시간이당', '행복식당', '급식당', '센식당' 등이 나왔고, 학생인권과 자유를 주장하는 '자유당', 진로를 걱정하는 '학생진로당', 이름만으로는 주먹을 연상하게 하는 '센우리당'은 역설적이게도 예의 바른 우리 학교를 주장하고 있었고, 그 밖에도 '정정당당당', '재미있당', '숭구리당당', '신발장당', '믿어보당', '신예의당', '최고당', '뽑기당', '노래당', '감나무당' 등 이름도 다양하고 창의적이면서도 흥미진진한 활동을 보였다.

정당원 모집에 성공한 정당 소개 벽보

그렇다면 학교공화국의 결정은 누가 하는가? 민주적인 의사소통과 참여방법은 가능한가? 어떤 지도자가 학교공화국을 민주주의로 이끌 것인가를 고민하고 교육 주체로서 학생의 참여에 대한 논란이 되고 있는 부분을 탐색하고 정책 제안을 생각해 보았다.

수업 사례 3
학급공동작품-걸개그림

1년 동안의 민주시민교육 과정을 통해 '평화와 인권'과 관련한 공부를 광범위하게 한 1학년 학생들은 마지막 작업으로 12월 기말고사가 끝나자, 미술 교과의 지도를 받으며 학급 전체가 표현하는 걸개그림을 그리기로 합의하였다.

학급공동작품인 걸개그림(6차시)은 전체 구성원들의 참여가 있어야 가능하므로 모두가 하나의 마음이 되는 일이 우선이다. 먼저 전체적인 작품 구상을 브레인스토밍으로 자유롭게 진행하였다. "우리 반에서는 무엇을 주제로 어떻게 표현할 것인가?" 하는 것이다. 주제와 표현의 윤곽이 잡히면 밑그림을 그린다. 밑그림을 1/6로 나누고 각 모둠에서 완성도 있게 해내어 이를 스티로폼에 부치면 거대한 걸개그림이 된다. 하나의 모둠에서 진행한 그림의 크기는 전지 한 장의 크기이다. 이를 통해 협동의 힘, 혼자보다는 여럿이 힘을 합치면 거대한 작품이 되는 경험을 했다. 어느 하나의 모둠이 불완전하다면 완성되지 못하는 작업이므로 상호 협동, 책임감, 공동체 참여와 주인의식, 연대를 배우는 과정이 되었다.

[표 17] 학급 걸개그림 프로젝트 수업의 흐름

주제	학급 공동 큰 그림 그리기-걸개그림 프로젝트(평화)
수업의 흐름	다 같이 학급 공동 그림 주제 정하기 ⇨ 밑그림 그리기 ⇨ 1/6씩 모둠별 그림 조각 정하기와 공동 작업으로 그리기 ⇨ 스티로폼에 조각그림 붙이기 ⇨ 주제 선정의 이유와 작품 설명하기 ⇨ 느낌 나누기
수업 이야기	1일 6차시에 걸쳐서 기획, 설계, 진행, 평가에 이르기까지 긴 여정을 달려가는 수업이다. 주제를 정하기 위한 집단 전체의 초기 과정에서 활발한 아이디어를 내고 합의하는 과정이 매우 중요하다. 이미 '전쟁과 평화'를 주제로 표어, 포스터 제작하기 수업을 했기 때문에 개인 작업이나 모둠 작업이 더 확장되어 학급 전체 작업이 된 점이 특별한 경우이다. 모둠별 작업이 모두 마치게 되면 이어 붙이기를 하여 대형 걸개그림을 얻는 수확을 맛볼 수 있었다.
걸개그림 프로젝트 수업 후기	학생들의 아이디어가 반짝이는 활동이었고 만족감이 매우 높았다. 무엇보다 완성된 작품에 대한 자존감과 성취감을 표현했다. 작업 과정에서 소외된 사람이 없도록 모둠별로 배움과 소통이 일어나는 작업 과정을 거치고 다양한 방법으로 모든 모둠원의 참여를 유도하느라 애를 썼다.

위와 같이 동료와 함께 수행하는 민주시민교육은 교과수업에서 사회적 논쟁 수업, 민주주의의 보편적 가치 추구 수업, 사회참여 지향적 수업, 프로젝트 수업 등으로 이루어지고 있었다. 모든 영역에서 가장 기본이 되는 것이 인식에서 비롯하듯이 지식 탐구과정은 기본적으로 먼저 진행되었다. 이렇게 여러 명의 교사가 함께 하는 민주시민교육의 가장 큰 장점은 모든 학생들의 민주시민교육 학습권을 보장한다는 점이다. 학년 전체가 계획적이고 목적의식적으로 진행하기 때문에 수업을 받는 모든 학생들이 배움의 기회를 가지게 된다. 또한 민주시민교육을 다양한 방법과 내용으로 교육과정을 재구성하여 수업을 진행함으로써 학생들의 확산적 사고와 창의력을 수업 과정과 결과를 통해 알 수 있었다. 뿐만 아니라 사회참여 영역으로까지 직접 수행함으로써 직

학급 걸개그림 작품과 설명

1-1반 작품으로 그림의 좌우를 나누어 구상하되, 왼편은 밝은색 기운으로 평화의 눈이 시작된다고 외치고 있다. 한편 오른편은 검고 어두운 색상으로 전쟁 기운을 표현하며 '전쟁은 이제 그만'이라고 외치는 장면으로 그들의 마음을 나타내고 있다.

1-2반 작품으로 아이디어가 반짝이는 공동 작품이다. 하나의 심장으로 동맥과 정맥이 흘러야 생명이 가능하다. 하지만 6·25 전쟁으로 단절된 상태로 시간이 지날수록 더 많은 생명을 앗아 간다고 경고하고 있다. 하나의 심장에서 생명이 가능하듯 한반도의 통일이 평화를 상징한다고 전하고 있다.

1-3반 작품으로 지구촌이 전쟁은 없어지고 평화로운 세상이 되기를 염원하는 마음을 담고 있다. 한편 우리 삶과 직결하여 잘못은 반드시 화살이 되어 돌아오니까 평소 생활을 민주시민답게, 평화주의자답게, 환경생태주의자답게 잘해야 한다고 주장하고 있다.

1-4반 작품으로 전쟁으로 몸과 마음이 다쳐서 상처를 안고 있지만, 이러한 상처를 치유하기 위해서는 사랑하는 마음을 담아 평화를 이루어야 한다고 표현하고 있다.

1-5반 작품으로 다양한 색상으로 표현한 지구마을에 비둘기가 월계수 나뭇잎을 물어다 평화 메시지를 전하는 모습을 담고 있다.

 1-6반 작품으로 전쟁을 알리는 총소리와 함께 그동안 쌓아 놓은 평화는 도미노처럼 무너진다는 이야기를 전달하고 있다.

 1-7반 작품으로 평화를 방해하는 검은 세력이 있으나, 이를 극복하고 평화를 이루려는 노력이 지속되어야 한다는 메시지를 담고 있다.

접 경험의 장을 마련해 준다. 이는 교사학습공동체의 민주적인 운영이나 혁신학교를 경험하면서 교육과정 재구성을 통해 얻은 경험적 산물이라고 할 수 있다. 이렇게 동료들과 함께 하는 민주시민교육과정은 학생과 교사 모두에게 교수-학습의 효능감, 지역사회의 긍정적 시선, 개인적으로 수행하기 어려운 과정을 교사들의 집단적인 의사결정과 수행으로 질적 도약을 이루어 내고 있으며, 모든 교과에서 민주시민교육을 할 수 있다는 가능성을 열었다.

동료들과 함께 하는 교육과정은 교사들 간에 인식이나 실천 면에서 다소 차이가 나더라도 집단지성으로 이를 극복하면서 진화해 갔다. 수업 내용으로 무엇을 가르칠 것인가에 합의하면 다양한 방법과 소재를 가져와 민주시민으로서의 자질과 태도, 나아가 참여와 실천의 영역으로 수업과 체험활동까지 통합적으로 연계하고 있었다.

한편 혁신학교와 자유학기제라는 객관적인 조건을 갖춘 중학교에서 민주시민교육을 진행하기가 수월해 보였다. 상대적으로 여전히 대학입시라는 과제를 안고 있는 고등학교에서는 교과의 경계를 넘어서기도 어렵고, 여럿이 함께 주제통합이나 융합수업을 하는 것이 어렵다고 한다. 그중에서도 특히 특성화고등학교는 교육과정을 마치면 바로 사회로 진입하는 학생들이 많아 민주시민교육 과정이 매우 시급한 상황이라고 할 수 있다.

특성화고등학교에서 각각 상업, 공업, 기계 교과를 가르치는 세 분을 만났다. 특성화고등학교에서는 전문 교과의 위상이 높다. 취업을 목적으로 교육과정이 운영되므로 민주시민교육 요소는 청소년노동인권교육에 치중되어 있었고, 간헐적으로 사회적 협동조합, 소비자의 권리와 연대의식, 공정무역이나 공정여행 등 생산자에게 직접 이익이 돌아가도록 하는 소비활동, 대안적 경제구조로 경제민주화를 여는 이야기 등으로 전개하고 있었다. 특히 특성화고등학교의 학생들은 곧 직장을 얻어서 시민사회로 들어오는 사람이다. 그러나 여러 가지 어려운 상황으로 민주시민교육이 이루어지지 못하고 있는 현실을 감안할 때, 우선적으로 특성화고등학교에 1학기 또는 1년 과정의 민주시민교육 과정을 이수하도록 하여 시민으로서의 교양과 태도, 참여의 기본 덕목을 익히도록 해야 할 것이다.

생계형 알바생을 누가 울리나?

"공고에 오는 학생들은 대체로 자존감이 낮아요. 왜냐하면 중학교까지 성장하는 동안 공부에 대한 자신감을 갖지 못한 경우가 대부분이죠. 학부모들의 사회경제적 지위도 낮고 그러다 보니 하루 벌어서 하루를 사는 경우가 많습니다. 학부모들이 아이들에게 관심을 가지거나 학교에 뭔가를 요구하는 일은 거의 없습니다. 아이들도 제각각 알아서 자기 일을 결정하는 경우가 대부분이죠. 용돈이나 생활비가 없어서 아르바이트로 살아가는 아이들이 의외로 많습니다. 그러다 보니 오토바이를 배워서 위험한 배달 일을 하는 아이부터 다양한 일을 하는데, 악덕 업주를 만나면 아르바이트생한테 일을 시키고 돈을 안 주거나, 준다 준다 하면서 미루는 경우도 있고, 인격을 모욕하는 욕설을 하거나, 부당하게 과잉 노동을 시키는 경우는 허다하고, 근로계약서를 안 쓰는 것은 기본입니다. 그런 아이들이 제게 찾아와서 억울한 일을 하소연하다 보니 제가 교사가 되어서 그냥 가만히 있을 수가 없잖아요. 처음에는 전화로 정중히 말하지만 안 될 때는 법적 조항까지 이야기하면 밀린 임금이나 덜 준 임금을 받을 수가 있었지요. 그러다 보니 어느새 학교에서 노동인권 전문가라는 이름이 주어지더군요. 다른 건 몰라도 꾸준히 일하는 아이들은 부모님을 경제적으로 덜 힘들게 하려고 애쓰는 학생들입니다. 고등학생이 아르바이트 한다는 것은 멋으로 하는 게 아닙니다. 생계형으로 일을 하는 겁니다. 저는 생계형 알바생들은 야학을 하던 70~80년대의 노동자 학생들과 다르지 않는 어려운 환경이라는 것을 압니다. 그래서 더 마음이 가지요. 1970년대 전태일이 있었다면 2016년을 사는 현재에도 수많은 전태일이 알바생으로 있다는 사실을 모든 사람들이 알아야 합니다."

군포시, 장○호(2016년 5월 27일 면담에서)

한편 교과별로 다음과 같이 분류할 수 있다. 국어, 영어, 도덕, 역사 교사들이 포함된 인문 교과에서는 가장 활발하게 각종 계기교육으로 역사인식, 비판적 의식과 민주적 토론문화의 정착, 정치적 문해력, 다문화·인권 등의 가치 교육을 수행하고 있었다. 책, 영화나 광고, 다큐 등의 영상물, 각종 자료집, 외신 잡지나 신문 등 다양한 매체를 활용하여 민주시민에게 요구되는 지식, 가치·태도·기능, 참여·실천 영역의 학습 경험을 제공하고 있었다.

기술·가정, 수학, 과학, 특수교육과를 포함한 생활·과학과에서는 각 교과와 밀접한 관련이 있는 시민성 내용 요소로 민주적 의사소통을 위한 학습, 실생활에서의 직접 경험과 연습을 통해 생활민주주의에 접근하고 있었다. 비폭력대화법, 긍정적 메시지 전달법, 나 전달법, 역할극으로 입장 바꾸어 생각하고 행동하기, 좋은 관계 맺기, 자기 긍정과 타인 긍정, 갈등의 평화적 해결 방법 찾기, 협력과 참여 학습의 중요성 등 다양한 방법으로 실제 생활에서의 민주주의를 학습하고 있었다.

미술, 체육, 음악, 프랑스어과 교사들이 포함된 예·체능, 제2외국어 교과군에서는 표현교과로서 대학입시에서 비교적 자유로운 과목이라는 공통점이 있다. 학생들의 주도적인 참여로 이루어지는 미술 시간, 몸으로 표현하는 비판의식의 체육시간, 토론학습 자료의 자발적 지식 탐구 과정으로 공부가 즐거워지는 프랑스어 시간, 노래가 주는 집단의식을 만들어 가는 음악 시간 등 민주시민교육은 모두 자발성, 주체성, 책임성을 기르기 위한 교육과정이라고 할 수 있었다.

4부

창의적 체험활동과
민주시민 성장일기

1장 자율활동으로 성장하는 민주시민

2장 동아리활동으로 성장하는 민주시민

3장 진로활동으로 성장하는 민주시민

4장 봉사활동으로 성장하는 민주시민

．

　창의적 체험활동은 교과 외 교육활동으로 교과와 상호보완적 관계에 있다. 창의적 체험활동은 학생들의 주도적인 참여와 실천의 영역으로 공동체에 대한 기여와 책임감 있는 민주시민으로서 미래지향적 인재 양성을 목적으로 한다. 또 학생들의 자율적인 집단 활동으로, 집단에 대한 소속감과 자긍심을 높이고, 개인의 개성 발휘에 대한 기회를 가질 수 있는 교육적 노력을 아우르는 활동이다.

　창의적 체험활동 교육과정은 자율·동아리·봉사·진로활동의 4개 영역으로 구성된다. 각 영역의 구체적인 활동은 학생들의 수요, 학급의 특색, 학년의 발달과정, 학교 및 지역사회의 요구나 특성에 알맞게 학교에서 재구성하여 운영할 수 있다. 학교에서는 보다 다양한 교육과정을 선택하거나 몇 개에 집중하여 운영할 수 있는 자율권을 가진다.

　창의적 체험활동은 학습자의 다양한 욕구를 이해하고, 공동체 생활에서 사람 간의 관계의 중요성을 알고 자신의 진로를 선택하여 자아실현을 하도록 돕는 데에 중점을 둔다. 또한 학생의 주체적인 실천을 중요시하여 직접 활동 계획을 수립하고, 실행·평가·재실행 등의 과정을 거친다. 아울러 지역과 학교의 상호 지원적인 특별한 관계로 인적·물적 자원의 교류와 활용이 가능하도록 운영의 묘를 살릴 수 있다. 그러므로 창의적 체험활동은 운영에 따라 교과 활동보다 자유롭게 학생들의 직접 참여와 경험이 실현되는 민주시민교육과정이 될 수 있다.

따라서 민주시민교육을 하고 있는 교사들은 창의적 체험활동인 자율·동아리·진로·봉사활동을 지역시민사회와 연계하여 학교 울타리를 넘어 점차 확산하고 있다. 즉 학교-교육청-지역시민사회-지방자치단체의 거버넌스 구축을 통해 학생들에게 다양한 교육 기회를 제공하고자 하는 노력이 광범위하게 일어나고 있는 점을 들 수 있다. 특히 창의적 체험활동은 학생들의 선택과 실행으로 이루어지는 만큼, 민주시민교육이 교과서로 배우는 지식 위주의 교육이 아니라 학생 주도적 참여와 경험이 바탕이 되어 이루어진다는 점에서 궁극적으로 지역사회를 향하고 있다. 학생들이 민주시민으로서 가치와 태도, 행동 양식을 익혀서 지역사회의 민주시민으로 살아가기 때문일 것이다.

1장
자율활동으로 성장하는 민주시민

　자율활동을 통한 민주시민교육에 열정을 쏟는 경우는 담임이거나 업무적으로 학생자치 업무를 맡은 교사가 대부분이다. 자율활동으로 진행하는 민주시민교육이란 자치·적응·행사 영역으로 이 세 가지의 활동을 통해 민주시민으로서의 역량을 기르고자 하는 노력을 말한다. 자치, 적응, 행사 중에서 대부분 가장 많은 시간을 학생자치 역량 강화에 쏟고 있다. 그중에서도 회의 진행과 운영방식에 대한 절차적 민주주의, 즉 회의를 통해 토론과 합의의 과정, 참여와 결정에 대한 책임을 자치 능력으로 보고 진행하고 있었다.

　이 과정에서 두드러지게 나타난 것은 2011년 경기도학생인권조례의 시행 이후 비로소 학생자치의 공론화와 활성화, 민주적인 학교문화 만들기, 민주적 학교공동체를 위한 대토론회 등이 학교로 들어왔다. 학교의 주요 구성원인 교사, 학생, 학부모, 지역 주민이 함께 참여하여 민주적 의사결정을 위한 공론의 장을 마련함으로써 공개적이고 공식적인 토론의 중요성을 알게 되었다.

　이러한 변화의 과정에서 교사들은 창의적 체험활동을 통한 민주시민 육성을 위해 스스로 성찰하는 모습을 보여 주었다. '담임으로서 학급 운영을 어떻게 민주적으로 할 것인가? 나는 민주시민으로서 모델이 되고 있는가? 학생들에게 요구하는 민주시민으로서의 행동을 나는 실천하고 있는가?'를 성찰하고 자문하게 되었다. 그것은 온전한 자기 경험이나 삶이 있을 때에 더 잘 가르칠 수 있고 지도할 수 있기 때문일 것이다.

한편 학생들은 교사가 시민으로서 모델이 될 것을 자연스럽게 요구한다. 그중에서도 학교공동체에서 생활민주주의를 배우는 과정으로서 담임의 학급 운영 방식이 학생들에게 미치는 영향은 매우 크다. 민주주의는 교실에서부터 배우고 익힌다는 뜻이다. 학교생활의 대부분을 교실에서 생활하는 학생들은 학급자치, 학생자치를 통해 일상에서의 민주주의를 배우고 있다.

학급자치, 학생자치, 지역자치에서 가장 중요하게 여기는 것은 민주적 절차로 나타났다. 학생들은 자신들에 의해 민주적 절차를 거치지 않은 경우에는 결과가 좋다 하더라도 힘을 실어 지지를 보내지 않았다. 반면에 시간이 다소 걸리고 합의가 어려운 문제일지라도 민주적 절차를 거쳐서 만들어 낸 결과에 대해서는 존중하고 이에 따르는 모습을 보였다. 민주적인 절차를 거친 합의나 약속에 대해서 복종하는 모습은 학생 스스로 민주적 합의에 대한 책임 있는 자세라고 할 수 있다. 창의적 체험활동 중에서 자율활동을 통해 수행하는 민주시민교육의 양상을 교실 중심의 학급자치, 전교생 차원의 학생자치, 나아가 학교 밖의 지역사회와 만나는 지역자치로 분류해 보았다. 자율활동에서 가장 중요한 것은 민주적인 의사결정을 학생 스스로 참여하여 주체적으로 한다는 점이다.

[표 18] 자율활동으로 성장하는 민주시민교육

자율활동	지역	사례	강조점
1. 학급자치	천안시	회의와 토론문화	민주주의는 교실에서부터
	세종시	경청과 공감으로 소통하기	
	의왕시	더불어 사는 민주시민 교과서 읽기	
	화성시	민주적 절차가 중요해	
2. 학생자치	수원시	학생생활공동체협약 만들기	직접민주주의 경험
	안산시	대표는 우리를 대표하는가?	
	광주시	학생회의 의사결정과 행동	
	군포시	민주적 학교공동체를 위한 대토론회	
3. 지역자치	파주시	파주지역 학교연합회	지역사회 참여민주주의
	의정부시	마을교육공동체, 꿈이룸학교	
	군산시	청소년이 말하고 군산시가 듣는다	

1. 학급자치 : 민주주의는 교실에서부터

회의와 토론으로 의사결정하는 학급문화

"학급 운영에서 자치활동을 통해 주로 하는 일은 회의와 토론입니다. 주변의 삶과 논쟁에서 주제를 가져와 토론하는 문화, 경청과 공감, 다른 사람의 의견을 수용할 수 있는 유연성, 자기 생각을 수정할 수 있는 개방적인 태도가 소통과 협상력으로 작용합니다. 이러한 회의와 토론은 인생에서 자기결정권을 발휘해야 하는 매 순간을 위한 연습이라고 할 수 있습니다. 이러한 연습을 서로 예의를 갖춘 토론을 통해 키우고 있다고 생각합니다. 학급자치규약 만들기, 학급행사, 학급성장목표, 체험학습, 모둠 편성, 교실 자리배치 등 생활 전반에 걸쳐서 회의와 토론, 의견 개진을 통해 학생 자신들의 일은 스스로 결정, 기획, 진행, 점검, 평가하도록 합니다. 자신들이 결정한 일에 대해 부작용을 미리 예측하기도 하고, 그것이 실제로 나타나면 다시 회의를 통해 원만하게 문제를 해결하는 과정을 거치기도 하면서 스스로 결정하고 책임지는 자세를 배워 갑니다."

천안시, 박○숙(2016년 6월 24일 면담에서)

2. 학생자치: 직접민주주의 경험

'학교생활공동체협약' 만들기

"혁신고등학교의 학생자치 업무를 맡으면서 고민이 깊어졌습니다. 민주주의 학습을 학교교육과정에서 익혀야 하는데 그동안 그러지 못한 점을 우리는 모두 인정했습니다. 그중에서 보통 학교생활규정이라고 부르는 것을 우리 학교에서는 '학교생활공동체협약'이라고 이름을 바꾸고 그야말로 학생, 교사, 학부모들이 다 같이 스스로 지키는 약속을 정하여 협약을 만든 일입니다. 기본 원칙은 서두르지 말 것, 갑론을박하면서 충분한 논의 과정을 거칠 것, 의사결정 과정에서 절차적 민주주의를 중시할 것, 합의하여 결정하고, 결정 후 시행하다가 문제가 드러나면 개정하는 것으로 합의했습니다. 이렇게 하고 나니 학생들은 스스로 만든 학교공동체생활협약을 존중하는 마음가짐이 생겼습니다. 6개월이라는 오랜 진통의 과정을 거쳐 만들어져도 시행과정에서 또 다른 문제점이 있으면 다음 해에 개정안을 두고 논쟁하여 새로 고칠 수 있도록 했기 때문에 일단 합의하여 결정된 협약은 지키는 것으로 합니다. 이런 숙고의 과정을 거치다 보니 학생들의 자율성과 자치력 향상에 중점을 둔 모범적인 학교생활공동체협약의 탄생과, 수정·보완 과정, 토론문화를 정착할 수 있었습니다."

수원시, 정○석(2016년 6월 1일 면담에서)

'민주적 학교공동체를 위한 대토론회'

"한 번도 해 보지 않은 길을 처음 가는 사람은 당연히 힘이 몇 배나 들지요. '민주적 학교공동체를 위한 대토론회' 진행을 두고 학교 측과 갈등을 빚었는데, 그 이유는 교장 선생님은 대토론회라는 공개적인 자리에서 혹시라도 불편한 이야기가 나올까 봐 업무를 진행하는 교사를 지치고 힘들게 했어요. 절차에 따라 강당에서 대토론회를 할 수 있는 장을 만들고 거기서 나온 의견을 듣고 조율하여 실행하면 되는 일이었지요. 막상 대토론회라는 공론의 장이 마련되자 학생들은 매우 예의 바르게 문제를 제기했고 웬만한 것은 들어줄 수 있는 수준이었지요. 그동안 자유를 누려 보지 못한 아이들은 조그마한 허용에도 감동했고, 정치적 효능감을 얻었지요. 학교가 이런 식의 토론과정을 정기적이고 지속적으로 연다면 민주적인 학교가 되리라는 믿음이 생겼습니다. 민주적 학교공동체를 위한 대토론회는 그야말로 민주적 절차와 토론으로 이어지는 성과를 얻어서 교사, 학생, 학부모 3자가 서로의 생각을 공개적으로 말하고 듣는 시간을 가짐으로써 민주주의의 합의 과정과 원칙을 배우는 경험을 했습니다. 이로써 해마다 민주적 학교공동체를 위한 대토론회를 열고 의견을 수렴하는 과정을 거쳐 문제를 해결하는 경험을 가지게 되었습니다."

군산시, 금○옥(2016년 5월 26일 면담에서)

3. 지역자치: 지역사회 참여민주주의

파주지역 학교연합회

"파주 관내 5개의 중학교 학생회가 연합하여 지역자치문화 확산을 위한 연합 워크숍을 진행했다. 네트워크 조직과 협력을 통해 지역 학생자치 문화기반을 조성하고 각 학교에서 진행되고 있는 자치 상황을 공유하여 서로 자극하고 견인해 줄 수 있는 학생자치활동의 지평을 열기 위함이었다. 학생들은 이 워크숍을 통해 학교마다 자치의 속도와 방향과 상황이 다르다는 것을 알게 되었다. 학생회 연합회는 분임별 토론을 통해 학교장의 교육철학과 학생을 바라보는 선생님들의 관점, 나아가 학교 내 민주주의가 학생자치 활성화를 위한 중요한 요인이라는 것을 깨달았다. 그들은 학생회가 겪고 있는 좌절과 학습된 무기력을 극복하기 위해 지역단위 자치활동 기반을 구축해야 한다는 의견에 합의했다.

그러나 민주적인 학생자치활동의 확장과 지속적인 성장은 말처럼 쉬운 일은 아니었다. 학생들은 입시를 위한 경쟁에서 그 누구도 자유로울 수가 없었다. 교사 역시 학생자치에 대해 열려 있는 의식을 갖지 못했다. 관리자들은 학생들을 학교와 배움의 주체로 생각하기보다 학교에서 정해 놓은 틀 속에서 시키는 일을 하는 수동적인 대상으로 생각하는 경향이 더 많았다. 또 학교가 다른 5개의 학생회가 지속적으로 모임을 가지기 어려운 상황이었다. 학생들은 제각각 바쁜 일정 속에 학교생활을 하므로 정기적인 모임이 어려웠고, 방과 후에는 그 나름대로의 스케줄이 있었다. 한편 학교민주주의의 기반을 토대로 학교에서의 민주적인 경험이 축적되어 있어야 하고, 학생들의 자율적인 활동을 도와주는 교사의 지원이 필요하다. 그러다 보니 연합워크숍을 진행하여 자치 역량을 확인하고 연대가 필요하다는 것을 아는 정도에 그치고 말았다. 많은 지역이 학생연합회를 만들어 학생자치문화의 확산을 꾀하고자 했지만 잘 되지 않은 것도 사실이다. 그럼에도 불구하고 우리는 여기에서 희망을 보았다. 실패하고 좌절한 경험도 중요한 자산이다. 파주지역과 같이 학교연합의 자치회를 경험한 학생들은 서로를 보며 민주적인 합의와 연대하는 힘을 배웠을 것이다. 학생들이 지역자치에 참여하는 일이 자연스러워지는 문화가 뿌리를 내릴 때까지는 지속적인 도움이 필요하다. 학생들은 아직 초보 단계이다. 개별학교 단위의 학생자치를 넘어 지역으로 확장되는 자치영역과 자치활동을 확대해야 한다는 학생들의 이러한 생각과 실천은 머지않아 학생들이 주체가 되어 지역자치를 열어 갈 수 있는 가장 큰 동력이 될 것이라고 생각한다."

파주시, 오○훈(2016년 8월 26일 면담에서)

'꿈 이룸 학교' 마을교육공동체

"교사가 갖지 못한 부분을 시민활동가들이 채워 주었어요. 공적 문제를 제기하고 직접 몸으로 실천하는 분들이 학생들에게 주는 메시지는 강력한 것이었어요. 교사도 시민으로서 지역사회와 같이 공적인 일을 도모해야 한다고 생각합니다. 그래야 내가 이야기하는 것이 지식이 아니라 삶이 될 수 있으니까요. 그런 의미에서 우리 꿈 이룸 학교는 마을교육공동체를 지향합니다. 2015년부터 시작했는데 마을의 초·중·고등학생 300~400명이 모이고 지역

주민들은 1,000여 명이 회원입니다. 이끄미 교사로 20여 명이 있는데 그중에서 교사가 1/3, 20세 이상 청년 그룹이 1/3, 나머지는 지역의 학부모와 주민들이죠. 이끄미 교사모임에서 지속적으로 마을교육공동체가 학생중심으로 성장하도록 민주시민교육을 지향합니다. 마을교육공동체의 궁극적 목적은 바로 학생들이 주도하는 자치학교로 학생 스스로 그들의 교육과정을 만드는 것입니다. 꿈 이룸 학교에서는 마을의 초등학생부터 고등학생까지 한자리에 모여서 회의하고 토론합니다. 일반 학교에서는 학년이나 나이에 따라 서열이 있어서 초등학생을 고등학생이 상대하지 않지만 꿈 이룸 학교는 모두 동등합니다. 이 경험을 한 대학생들이 다시 돌아와서 꿈 이룸 학교 이끄미 팀의 청년 그룹 역할을 합니다. 민주주의의 메카라 할 수 있는 그리스 시대의 폴리스를 닮은 지역중심 마을교육공동체를 추구합니다."

의정부시, 김○주(2016년 9월 28일 면담에서)

'청소년이 말하고, 군산시가 듣는다'

"군산 지역에 청소년센터가 건립되기를 바란다. 지금 알아본 바에 의하면 시청 꼭대기 층이 전체적으로 비어 있는 상황인데 이곳을 리모델링해서 청소년센터가 되었으면 한다. 청소년들이 추진하는 '청소년이 말하고, 군산시가 듣는다' 토론회에서 제안하고 군산시가 이를 수렴해서 청소년들이 마음 놓고 모여서 의논하고, 책 읽고 토론할 수 있는 공간이 생겼으면 좋겠다. 그러면 자연스럽게 청소년 문제가 드러나고 이를 해결하는 노력도 하게 될 것이다. 또 재기발랄한 청소년들의 고민이나 요구도 듣고 해결을 위한 노력도 어른들이 같이할 수 있기를 바란다. 청소년도 곧 선거권을 가질 시민이다. 그런 그들을 대우하고 존중해야 하는 것은 당연하다. 2015년에 제1회 '청소년이 말하고 어른들이 듣는다'로 토론을 진행했더니, 너무 많은 이야기가 나왔다. 그래서 이를 평가하는 과정에서 2016년에는 '청소년이 말하고 군산시가 듣는다'로 공공영역으로 제한하여 진행했다. '청소년은 미숙하다, 청소년은 아직 어리다'라는 이유로 언제나 당면 과제에서 제외되었던 청소년이 목소리를 낸다. 말을 하면 반드시 들어 줄 사람이 필요하다. 자율성과 독립성을 키운 청소년들이 어른들에게 제 목소리를 낸다는 것은 바로 민주시민교육의 성과가 아닌가 싶다. 이때 어른들은 진지하게 청소년들의 성장을 도울 수 있는 방안을 모색해야 한다."

군산시, 양○희(2016년 7월 14일 면담에서)

2장
동아리활동으로 성장하는 민주시민

학생들은 동아리활동을 통해 민주시민으로 성장할 기회를 가진다. 그러나 학생들이 동아리활동을 정기적으로 하기는 쉽지 않다. 학생들은 대부분 학교 수업을 마치면 학원으로 가기 때문이다. 그런 바쁜 일상에서도 중·고등학교에서는 다양한 동아리활동을 전개하고 있다. 중학교의 경우, 동아리를 조직할 초기 단계에서는 목적의식이 뚜렷하기보다 친구들과 같이 활동을 하는 데에 의미를 두는 경우가 많다. 그러다 점차 시간이 갈수록 동아리활동을 통해 얻게 된 경험에 대해 자부심이 커 간다.

한편, 고등학교 동아리는 학생들이 주도하여 자율적으로 조직하고 지도교사를 초빙하는 형태를 띠고 있다. 자신들이 만든 동아리활동을 가장 잘 지지해 줄 것으로 생각하는 선생님을 초빙하여 지도교사로 위촉을 한다. 중학교에 비하여 고등학교 학생들은 동아리활동이 대학 입시에서 스펙 한 줄의 활동 경력이 될까 싶은 욕구도 작용하는 것으로 나타났다. 대학 입시에서 입학사정관 제도나 면접을 강화하는 것은 학생 경험을 중심으로 진로의 로드맵을 그릴 수 있는가를 보기 때문이다.

　동아리활동은 소속 학생에게는 적극적인 경험이 되지만 그렇지 않은 학생들에게는 제공되지 않는다. 따라서 동아리활동을 통해 민주시민으로 성장하는 모습을 보면 자기표현, 진로탐색, 취미활동, 문화생활, 사회참여 등의 학습 기회를 가진 동아리가 많다. 학생 동아리활동은 결과적으로 학교 울타리를 넘어 지역사회와 소통을 꿈꾸고 있었다. 이 과정에서 지역시민사회와 연계하여 동아리활동을 하는 경우에 교사와 학생 모두 민주시민교육의 효과와 만족도가 높게 나타났다. 이들 지역시민사회와 만나는 동아리 몇 개의 활동을 소개한다. 왜냐하면 궁극적으로 우리 학생들은 지역사회의 시민으로 성장하여 민주적인 사회를 만드는 데에 기여할 사람이기 때문이다.

　한편 지방자치단체에서 교육 부문에 많은 예산을 투입하고 지역시민사회의 실천적 경험을 학생들에게 제공할 수 있도록 도움을 주고 있었다. 그동안 지역시민사회가 학교 안으로 들어오는 것이 쉽지 않았으나, 창의적 체험활동 시간을 개방하여 교사와 시민활동가가 팀을 이루어 여러 가지 교육활동을 전개함으로써 협력과 소통, 시민사회의 실천 영역의 직접 진입, 학교 밖 사회에 대한 직접 경험이 이루어지고 있다.

　교과수업 시간에 접근하기 어려웠던 활동으로 참여와 실천 부분을 동아리활동을 통해서 민주시민교육 과정으로 이루어지고 있었다. 동아리활동은 학생들의 직접 참여로 전개되기 때문에 교과수업 시간보다 학생들의 주도성, 주체성, 자기 결정권, 운영과정 방법, 평가에 이르기까지 직접 경험이 바탕이 된다. 따라서 지식과 가치 영역을 넘어서 참여와 실천 영역이 주를 이룬다. 교과 시간에 다소 부족한 참여와 실천의 경험이 동아리활동을 통해 충족되므로 성취에 대한 효능감이 크다. 또한 동아리활동 자체가 자발성, 동료들과 협동과 소통, 존중, 적극성, 책임성, 소속감을 기반으로 하기 때문에 이 과정에서 민주시민으로서의 태도와 실천을 학습하는 기회가 되고 있다.

[표 19] 지역사회와 만나는 동아리활동

순번	지역	지역사회와 만나는 동아리명	동아리활동 내용
1	화성시	사회참여 동아리	'등하굣길 안전보행권' 정책 제안
2	수원시	만남·성장 동아리	'빛길' 시민단체협의회와 함께 하는 동아리
3	청주시	생태·환경 동아리	청주 '원흥이 방죽 살리기' 프로젝트
4	부천시	청소년 정책 제안 동아리	공공정책 제안 나비효과 프로젝트
5	수원시	텃밭 동아리	아동지역센터, 이주민센터와 만남
6	괴산시	역사와 현장 동아리	지역사회와 만나는 청소년 역사캠프
7	파주시	청소년의회 동아리	꿈의 학교 마을교육공동체 지향

1. 사회참여 동아리, '등하굣길 안전보행권' 공공정책 제안

"화성시 ○○중학교에서는 경기도교육청이 선정한 학생사회참여 동아리의 주관으로 12월 14일 '00중 학생들의 안전한 등하굣길 만들기를 위한 공공정책 제안 공청회'가 열렸다. 이날 공청회에는 경기도의회 의원, 화성시청 도로과장, 경기도교육청과 화성오산교육지원청의 관계자 및 지역 주민과 학생, 학부모 교직원 등 약 100여 명이 참석했다. 사회참여 동아리 학생들은 공청회에 참여한 관계자들을 안내하며 학교 앞 안전문제 진단을 위한 현장답사를 진행하고, 공청회에서 학생들이 직접 환경지도를 PPT로 만들어 현장

사진을 제시하며 설명한 뒤에 문제 해결을 위한 공공정책을 제안했다.

이들은 교통안전과 통행에 방해가 되는 불법주차, 인도에 설치된 불법 설치물, 광고 안내 부착물, 쓰레기 무단 투기, 인도를 침범하는 개구리 주차 등 안전한 통학 길을 저해하는 다양한 문제들을 조사하여 발표했다. 또한 학교 앞 방지턱과 인도, 크로스형 횡단보도, CCTV의 설치 등 정책 제안이 잇따랐으며, 학생들은 분야별로 기관 담당자와 학부모, 교직원들과 함께 분임을 만들어 문제 해결을 위한 토론 후 발표를 진행했다. 공공정책 제안에 참여한 한 학생은 '나의 문제, 우리의 문제, 학교와 지역 문제를 함께 고민하고 해결하는 과정을 통해 더 나은 사회를 만들어 보는 좋은 기회였다'고 말했다. 이를 통해 학생들은 민주시민으로서 사회참여의 중요성을 알 수 있었고, 앞으로도 학생들이 지역사회와 소통할 수 있는 기회를 만들 것이라고 말했다."

화성시, 이○선(화성 인터넷 신문, 2016년 12월 15일 기사 인용)

2. 수원시민단체협의회 '빛길', 학교에 오다

"수원시민단체협의회 '빛길'과 학교 동아리 프로그램을 같이 진행했다. 참가 학생은 20명으로 환경운동, 인권운동, 노동운동 등 다양한 분야의 전문 시민활동가와 만날 수 있는 시간이 되었다. 시민단체 6개 팀이 합류하여 1년 동안 진행한 매우 의미 있는 교육과정이었다. 학생들은 전문 시민활동가를 만나서 많은 것을 배울 수 있는 기회를 가졌고, 시민단체에서는 미래의 시민 회원이 될 수 있는 학생들에게 다가서려고 노력했다. 예산의 문제로 1년 과정으로 끝이 났는데 아쉬움이 많다. 학교와 지역사회, 지역시민단체 간의 보다 안정적이고 지속적인 거버넌스 구축이 절실하다."

수원시, 조○윗(2016년 5년 31일 면담에서)

시민사회단체, 교문을 넘다

"지역시민사회가 궁극적으로 바라는 것도 사실 우리 청소년 세대 학생들이 민주시민으로 공동체 발전에 기여하는 시민이 되는 것이거든요. 시민사회 활동가들이 학교에 들어와서 학생들을 만난 것 자체가 민주시민교육이라고 생각합니다. 왜냐하면 보다 나은 민주적인 사회를 위해 직업적으로 노동, 인권, 다문화, 평화와 같은 인류 공동의 가치를 실천하는 사람들이 시민활동가들이기 때문입니다. 그들은 바로 우리 이웃에서 활동하던 사람으로 다양한 삶이 있다는 것을 학생들에게 알려 주는 것만으로도 큰 변화라고 생각합니다. 시민활동가들이 처음엔 힘들었어요. 그래서 학생들을 만나기 전에 좀 더 그들에 대해 공부가 필요했고, 직접 학생들을 만나서는 책에는 나오지 않는 다양한 삶의 이야기를 들려줬어요. 학생들의 직접 참여 경험을 높이려면 2시간으로는 부족하고 전일제로 하는 게 좋을 것 같다는 생각이 들었습니다. 현장 탐방도 직접 해 볼 수 있게요. 그리고 이러한 교육이 지속적으로 가능하려면 시민활동가들도 학생들에게 더 유용한 프로그램을 개발해야 합니다. 시민단체에서도 이번 학생들과의 만남은 처음이라서 많은 준비를 했지만 교육 역량을 더 높여야 한다는 자체 평가를 했습니다."

수원 YMCA, 김○연 시민활동가(2016년 8월 22일 면담에서)

3. '원흥이 방죽 살리기' 프로젝트

"학생들은 결국 주체적 삶을 살게 하는 교육 기회를 가지는 게 중요하다. 몇 년 전, 청주에서 우리 학생들이 환경운동단체와 손잡고 '원흥이 방죽 살리기' 프로젝트를 한 적이 있었다. 당시 20여 명의 학생들이 동아리 회원으로 적극적으로 참여했는데, 그 노력으로 결국 '원흥이 방죽'을 살렸다. 당시

원홍이 방죽을 덮고 대규모 아파트 단지를 건설하려는 건설사와 시청에 맞서서 시민들이 이루어 낸 환경운동이었다. 그 결과 '원홍이 방죽'에는 여전히 개구리, 도마뱀 등 다양한 양서류가 살고 있다. 이 과정에서 학생들은 내 고장 생태·환경 살리기에 참여하여 마침내 이루어 냈기 때문에 정치적 효능감도 높았다. 이러한 활동이 언론에 알려지게 되었고, 일본에서 열린 고등학생 국제 컨퍼런스 대회에 초대되어 그 결과물을 발표하기도 했다. 여기에는 일본, 중국, 우리나라, 필리핀, 베트남, 스웨덴, 라트비아 등 7개국의 고등학생 대표들과 지도교사가 참여하여 고등학생들의 사회참여 활동을 서로 소개하고 배우는 자리가 되었다. 학생들이 동아리를 만들고, 시민단체와 거버넌스를 구축하여 '원홍이 방죽 살리기' 프로젝트를 성공시키자 시청이나 시민단체, 교육청에서도 학생들의 아이디어나 활동에 관심을 기울이는 결과를 가져왔다. 충북 NGO 교육센터를 중심으로 지역시민사회와 학교의 유기적인 교육 결합을 찾고 있다."

청주시, 나○정(2016년 7월 7일 면담에서)

4. 청소년 공공정책 제안, 나비효과 프로젝트

"부천에서는 청소년들의 사회참여 활동을 장려하는 정책 지원이 있었다. '부천 청소년 문화의 집'은 학생자치에 대한 고민을 많이 했다. 부천 지역 학생자치 담당 교사 연석회의와 학생회장단 간담회를 진행하여 학생자치 역량을 높이고자 노력했다. 그 과정에서 '송내 청소년 문화의 집' 주최 '청소년 공공정책 제안, 나비효과 프로젝트'를 하게 되었다. 각각의 동아리에서는 서로 다른 연구 주제를 자율적으로 정하여 이를 발표하고 이후 석 달 동안 활동을 전개했다. 이 프로젝트에 30개의 학생 동아리가 참여했고, 연구 주제는 주로 동네 문제를 중심으로 전개되었다. 기존의 질서를 비틀어 보는 비판의식과 문제 제기, 대안으로서의 정책 제안은 동네 주민으로서 가지는 주인의식에서 비롯되었다. 동네 주민들의 안전한 보행을 위한 횡단보도 설치, 학교 앞 자동차 서행을 위한 턱 설치와 주차금지, 가로등, 동네 상권, 쓰레기 처리, 공유지의 텃밭 활용, 동네 하천 정비, 꽃길 가꾸기, 청소년 쉼터와 공부방, 학교 체육시설 개방 등 청소년의 눈으로 동네 문제를 제기했다. 그 결과 그들이 제안한 20여 개의 공공정책이 대부분 해결되어 학생들의 동아리활동에 대한 호응이 좋아지자 부천시청, 부천교육청에서도 학생 동아리활동을 지원하고 나섰다. 이러한 동아리 지원정책은 학생들이 공공문제에 대해 관심을 기울이고 직접 참여활동을 하면서 긍정적으로 발전했다.

또 학생들은 동아리활동을 통해 자신들의 시선으로 사회문제를 볼 줄 알고 정책 제안도 할 수 있게 되었다. 그들의 정책 제안이 참신하고 훌륭하여 2/3 정도가 적극적으로 수렴되자 학생들의 정치적 효능감도 높아졌다.

모든 학생활동이 기-승-전-대학으로 연결된다면 창의적 체험활동마저 대학 입시의 수단으로 이용될까 봐 걱정이 되는 것은 사실이다. 일부 그렇다고 해서 창의적 체험활동으로 얻어지는 사회참여 활동을 중단할 수는 없는 일이다. 순수해야 할 동아리활동 결과물이 대입에서 진로 스펙으로 활용하고자 하는 욕구로 이어지기도 하지만 열심히 배우고 경험한 모든 활동이 창의적인 교육과정으로 인정받는 일이라 생각하면 굳이 분리시킬 필요는 없는 것 같다. 중·고등학교 시기 자치활동이나 동아리활동의 경험이 참여하는 시민으로 성장하는 데에 자양분이 되리라고 생각한다."

부천시, 이○석(2016년 8월 19일 면담에서)

5. 텃밭 동아리, 생산 활동을 나눔과 연대로 실천하다

"텃밭 동아리에서는 학생들이 농작물을 공동생산하고 이것을 지역아동센터와 다문화센터에 꾸준히 제공하고 있다. 인문계 고등학교에서 공부에 흥미가 없는 학생들을 위한 대안을 모색하던 중, 학교 부근에 있는 시유지 80평의 땅을 임대하여 텃밭으로 운영하고 있다.

생활지도의 한 방법으로 시작되었는데, 7~8교시까지 진행하는 수업에 집중하기 어려운 학생 30여 명이 도시 농부로 자원하여 텃밭 가꾸기를 한다. 도시 농부가 되겠다고 찾아온 30여 명의 학생들에게 '농부의 기본적인 마음가짐과 노동에 대한 성실성, 농산물에 대한 지역사회의 기부' 등을 이야기하고 요일별로 윤번제로 돌아가면서 농사를 짓게 했다. 그동안 소비에만 익숙하던 아이들이 공동 작업으로 농산물을 생산하는 과정을 직접 경험하고 수확하면서 변화된 모습을 보이기 시작했다.

텃밭 동아리에서 배추, 상추, 열무, 대파 등을 수확하여 지역아동센터와 다문화센터에 정기적으로 방문하여 공급하고 있다. 또 벌써 세 해째 겨울 김장철에 직접 수확한 배추와 무를 이용하여 학교 급식소에서 수백 통의 김장을 하여 이웃의 독거노인들과 지역아동센터 등 필요한 시민사회에 전달했다. 텃밭 동아리와 지역시민단체 간에 결연을 맺고 친환경 유기농 농산물을 정기적으로 제공해 주는 것이다. 물론 무료로 제공한다. 도시 농부들은 주 1회 7, 8, 9교시 교과수업에서 공식적으로 빠져서 농사를 짓는다. 교육과정이 이를 인정한다는 것 자체가 혁신적이다. 도시 농부가 된 학생들은 이러한 텃밭 가꾸기를 통해 노동의 소중함, 생산의 즐거움, 나눔의 힘과 기쁨, 지역사회에 대한 책임의식, 이웃과의 연대, 협력을 배우고 있다. 또 학교교육과정의 일괄적인 적용에서 벗어나 텃밭 가꾸기 활동을 인정하고 학생들의 일탈 행위를 방지하여 다양한 교육활동이 이루어질 수 있다는 유연성을 보여 주는 좋은 사례이기도 하다."

수원시, 김○태(2016년 6월 3일 면담에서)

사회적 육아, 사회적 교육지원을 주장하는 텃밭 동아리, 김○순 학생

"텃밭 동아리 자체도 좋지만 거기에서 생산한 농산물을 필요한 곳에 정기적으로 공급하고 지역아동센터의 아이들을 만나는 게 더 좋아요. 농사 이야기를 들려주기도 하고 수확물을 자랑하지요. 그곳에서 1시간 정도 아이들과 놀아 주거든요. '모든 아이들의 육아, 탁아 문제를 우리 사회가 책임을 지면 출산율도 올라가고 한 부모가 아이를 키우더라도 걱정이 덜할 텐데' 하는 생각이 들어요. 사회적 육아와 시회적 교육이 필요합니다. 돌봄이 필요한 아이들을 안전하게 보호해 주는 곳이 많이 생기면 일자리도 늘어나고요. 그런데 지금의 지역아동센터는 왠지 가난한 아이들이 오는 곳으로 낙인이 있는 것 같아서 그것도 마음에 걸려요. 가난이 아이들을 위축시키고 부모를 원망하는 마음이 생길까 싶어서 걱정이 됩니다."

김○순 학생(2016년 6월 3일 면담에서)

농부가 되고 싶은 텃밭 동아리, 이○기 학생

"우리 텃밭에서 생산한 배추와 무, 고추 등을 이용해서 학교 조리실에서 김장을 담그고 이웃의 독거노인들에게 직접 김장 배달하는 경험은 평생 못 잊을 겁니다. 어르신들이 얼마나 반가워하고 고마워하시는지, 또 이렇게 같이 텃밭에서 농사를 지은 친구들은 끼리끼리 더 친해졌어요. 진짜 친구가 됐다고나 할까요? 영어, 수학은 좀 못해도 농사를 같이 지으면서 물 주고 기다리는 시간이 있거든요. 농사를 지으면서 평화롭게 살고 싶어요.

텃밭 동아리에서 농사를 지으면서 농작물의 소중함과 환경과 생태를 생각하고 유기농 농산물, 유전자 조작 음식에 대한 경계, 부지런해야 농작물을 얻을 수 있다는 것, 이 농작물이 우리 이웃에 도움이 된다는 것을 알게 되고 소통하는 매개가 되었어요. (중략)."

이○기 학생(2016년 6월 3일 면담에서)

6. 청소년 역사캠프 '역사와 현장' 동아리, 지역사와 함께

"단재 신채호 기념사업회와 함께 하는 청소년 역사캠프는 지역시민사회와 학생들이 만나는 학술 세미나의 성격을 띤 '역사와 현장' 동아리활동이다. 정읍은 동학농민혁명의 전설적 지도자인 녹두장군 전봉준의 고향으로 역사적 유적지이다. 그에 못지않게 충북의 청주, 보은 지역은 동학농민운동 2차 봉기 이후 무력항쟁의 지도부가 있던 곳이다. 그래서 역사 중에서도 지역사에 대한 관심을 갖게 되어 자연스럽게 지역의 민주화운동 등 민주주의 교육을 시작하게 되었다. 충북 지역에서 전개한 동학농민운동, 3·1독립만세운동, 항일독립운동가를 재조명하는 역사캠프는 지역의 시민단체, 충북역사교사모임, 향토사학자들과 함께 실시하여 충북의 역사적 발자취를 찾아가는 행보를 한다. 역사에 깊은 관심을 가진 학생들이 '역사와 현장'이라는 동아리를 만들어 해마다 같이 하고 있다.

2006년부터 시작한 청소년 역사캠프에는 교사 10여 명, 단재 신채호 기념사업회의 회원들과 시민단체 활동가 2~3명, 충북 지역사를 연구하는 향토사학자, 학생 50~60여 명이 참가하여 전국역사교사모임의 지원을 받아서 해마다 이루어진다. 나는 전국역사교사모임에 참여하면서 '역사와 현장'

동아리 지도교사를 맡고 있다. 역사 발전 과정에서 쓰러져 간 시민들의 얼을 서로 같이 연구하고 찾아가는 과정 그 자체가 민주시민교육이라고 생각하여 이 일을 지속적으로 하고 있다. 여름방학 중에 2박 3일 동안 진행하는 '청소년 역사캠프'는 유적지 현장 답사를 진행하여 그 발자취를 찾아가는 과정이다.

학생들은 모둠별로 현장에 나가기 전에 도서관에서 자료를 검색하고 유서 깊은 곳에서는 동네 어르신들의 구술을 듣거나 기념 유적지를 돌아보고 글쓰기로 그 이야기를 모으는 활동을 전개하고 있다."

괴산시, 원○혁(2016년 9월 9일 면담에서)

7. 마을교육공동체를 지향하는 청소년의회

"2015년부터 3년째 청소년의회학교를 지도하고 있다. 중학생부터 고등학생까지 무학년제이다. 모두 평등한 관계를 유지하는 것이 기본 조건이다. 청소년의회에서 청소년 정책이나 사회적 쟁점에 대한 의견을 내려면 먼저 공부를 해야 했다. 세계인권선언, 세계아동권리협약, 대한민국 헌법, 경기도학생인권조례를 거의 1년에 걸쳐서 공부하고 이와 관련한 전문가를 초빙하여 강의를 들었다. 우리가 살고 있는 파주지역의 문제도 같이 고민하는 동아리이다. 자치 능력이 향상되어 주도적으로 진행하는 힘을 가지게 되었다. 이 학생들이 민주시민으로 성장하여 지방의회나 국회로 진출하게 되면 보다 나은 대표가 될 것으로 기대한다."

파주시, 오○훈(2017년 9월 2일 면담에서)

3장
진로활동으로 성장하는 민주시민

진로활동 시간에 배우는 민주시민교육은 교육과정을 재구성하여 지역시민사회와 연계하고 있었다. 통상적으로 학교에서 진로 시간은 수업이 평균 시수보다 적은 교사에게 1~2개 학급 단위로 맡겨지는 경우가 많다. 평가가 없는 시간이다 보니 교사의 재량적 운영에 따라 교육활동이 다르게 진행된다. 특히 현대사회는 안정적 직업이란 존재하기 어렵고 일생 동안 몇 개의 직업을 거쳐야 할지를 가늠할 수 없는 불확실성의 시대를 살고 있다. 그러므로 전통적인 직업교육은 이제 그 의미가 없다. 진로활동 시간에 수행하는 민주시민교육 양상은 사회적 약자의 입장에 있는 시민들이 어떠한 환경에 처하게 되더라도 인간으로서의 존엄성을 잃지 않고 살아갈 수 있는 힘을 키우는 데에 초점을 맞추고 있었다.

[표 20] 진로활동 시간에 만나는 민주시민교육

순번	이름	지역	진로활동 시간에 만나는 민주시민교육
1	문○란	화성시	특수교육은 직업교육으로
2	이○석	부천시	자유학기제와 시민단체와 결합
3	김○옥	전주시	특성화고등학교에서 노동인권 바로 알기
4	금○옥	군포시	청소년 노동인권캠프와 취업의 문
5	김○주	안산시	진로 시간에 찾아온 지역시민사회와 민주시민교육
6	장○호	군포시	지역 사랑방으로 태어나는 학교매점협동조합
7	김○애	부천시	방과 후, 인문학 강좌는 왜 실패했을까?

1. 자유학기제와 시민단체의 결합

"자유학기제는 교과와 창의적 체험활동에서 민주시민교육을 적극적으로 만날 수 있는 기회라고 생각한다. 그러므로 이 시기를 활용하여 부천에서는 자유학기제가 시행되는 2016년 2학기에 부천문화재단과 3개의 중학교가 제휴하여 1학년 자유학기제 교육과정을 노동, 환경, 인권 등의 주제로 결합하기로 했다. 2시간씩 블록타임으로 16시간을 운영할 계획으로 구성했다. 부천연대, 아시아인권문화연대, 청소년노동인권네트워크에서 공동으로 교안 작업을 하고 시민단체 전문가들이 들어가는 형식으로 진행했다. 주로 금요일 1-2교시 블록타임, 3-4교시 블록타임을 4개 반이 교대로 운영하는 형식으로 시민사회와 연계한 민주시민교육을 하고 있다. 이제 학교도 지역의 교육 인프라를 받아들일 준비를 해야 한다."

부천시, 이○석(2016년 12월 30일 면담에서)

2. 특성화고등학교에서 노동인권 바로 알기

"진로 시간을 활용하여 노동인권교육을 1학기 동안 진행했다. 청소년노동인권네트워크에서 제작한 자료나 수업 사례 등을 참고하여 수업 활동을 했다. 공고인 만큼 노동인권에 대하여 주로 공부하는데 학생들은 생각보다 똑똑했다. 여기에서 똑똑하다는 의미는 최저임금과 같은 자신의 이익과 관련해서는 매우 밝다는 것을 의미한다. 심지어 임금을 제대로 못 받은 경우에는 지속적으로 전화를 해서 제대로 임금을 받을 때까지 집요하게 사장을 괴롭혀 받아 내는 경우도 있었다. 그러나 문제는 노동 전반에 대하여 또는 보편적 인권에 대한 인식이 부족한 상태이다. 그러니 서로 문제를 공유하거나 사회적 문제로 드러내는 일은 드물다. 사회적 문제에 대해서도 접근 수준이 매우 낮다. 취업률이 바로 특성화고등학교를 평가하는 기준이기 때문에 진학을 원하는 학생이 있더라도 우선 취업을 시키는 상황이다. 그러다 보니 거의 모든 학생이 학교교육과정의 마지막 단계이다. 졸업을 하면 바로 세상 속으로 들어가서 시민으로 살아야 하는데 준비가 안 된 상태라고 할 수 있다. 학생들은 공부를 안 했거나 못 했거나 간에 자존감이 낮고 가정형편이 어려운 경우가 대부분이다. 전문적인 기술을 배워서 기능을 익혔다 하더라도 어딜 가나 최저임금을 받는 노동자로 배치되는 상황이다. 어떻게 노동교육을 해야 할지 안타까웠다. 특성화고등학교 교육이 마치 적절하게 산업 인력을 배분해 주는 그런 기능만 하는 것 같아서 속상하다. 산업 인력을 배출하면 그들이 그 일에서 보람을 느끼고 살 수 있도록 안전한 환경, 적절한 임금을 보상해 주어야 건강한 사회가 되는 것 아닌가?"

전주시, 김○옥(2016년 7월 13일 면담에서)

3. 노동인권캠프와 취업의 문

"상업교과는 경영자를 보조해 주는 역할을 주로 가르치고 배운다. 그러다 보니 학생들도 마치 경영자와 같은 관점에서 세상을 보는 연습을 가르친다. 그래야 경영자 입장에서 마음에 들어 할 테니까. 학생들의 과외적인 자율 활동도 자기소개서를 쓰거나 면접을 볼 때는 경영자가 좋아할 경험을 쓰려고 한다. 군포 지역에서 실시한 '청소년 노동인권캠프' 3일 일정에 우리 학생들 8명이 참가해서 잘 이수했지만, 학생들의 취업 희망 자기소개서를 작성할 때 청소년 노동인권캠프나 학교매점협동조합 추진위원으로 활동한 경력을 쓰고 싶은데 이런 거는 경영자가 좋아하는 영역이 아니다. 학생들은 자신이 참가하여 활동한 노동인권이나 협동조합 추진위원 활동이 현실적으로는 취업을 방해하는 요소로 작용하게 되는 것은 아닌지 걱정을 한다. 학교교육과정에서 다양한 대안적 삶도 가르쳐야 하는데 취업이라는 문 앞에서 괴리감이 생기는 건 어쩔 수가 없다."

군포시, 금○옥(2016년 5월 26일 면담에서)

4. 시민사회와 함께 하는 진로 시간

"시민활동가와 교사가 팀티칭으로 프로그램을 전개하기로 하고 수차례의 사전 워크숍을 거쳐 진로 시간에 진행하기로 했다. 2학년 12개 반 전체의 학생들이 12차시의 민주시민교육 과정을 경험할 수 있도록 교육 프로그램을 재구성했다. 안산 지역은 외국인 노동자가 전국에서 가장 많이 거주하는 곳이다. 이런 지역 특성을 살리는 교육으로 삶의 현장을 같이 고민하는 자리를 시민단체와 함께 만들어 가고 있다. 학생들은 내가 살고 있는 지역의 문제를 들여다보면서 '어떻게 살 것인가?'를 생각한다. 공단이 발달한 지역사회인 만큼 외국인 노동자 수가 많아서 이들을 둘러싼 이주민 인권, 노동인권, 다문화 사회와 공존, 평화로운 공동체 만들기를 위한 노력을 기울이게 되어 학생들이 민주시민으로서의 가치와 실천력을 가지는 데에 도움이 되리라 생각한다."

안산시, 김○주(2016년 9월 2일 면담에서)

5. 지역사랑방으로 태어나는 학교매점협동조합

"학교에서 가장 가까운 상점이 학교 앞 길 건너편에 있어서 늘 안전사고의 위험이 따른다. 그래서 학교매점협동조합 설립을 추진 중이다. 매점협동조합이 학교를 중심으로 지역 주민들과 함께 만들어 가는 문화공간이 되었으면 하는 꿈을 현실로 만들고 싶다. 매점이 그 매개 역할을 할 수 있을 것으로 생각한다. 학교 문턱을 낮추어 자유롭게 주민이 찾을 수 있는 마을 공간, 즉 마을교육공동체 기능을 할 수 있기를 바란다. 학교 시설을 주민들에게 내주어 연간 이어지는 인문학 강좌, 노동인권 강좌, 학교매점 이용, 학생·교사·학부모가 만든 작품 전시 및 판매로 학생들의 자존감 살리기, 각종 기계 설비가 갖추어진 학교 실습장 시설을 주민들과 함께 사용하는 것을 통해 서로 소통하기를 바란다. 그렇게 되면 학교 홍보도 자연스럽게 진행될 것이다. 학생, 학부모, 마을 주민, 교사가 함께 친환경 먹거리 만들기, 천연화장품, 목공 공방, 천연비누, 주형, 금속조형, 산업디자인 등을 같이할 수 있을 것으로 기대한다.

지금 학교매점협동조합 설립 업무를 맡아서 추진 중인데 교사 2명, 학부모 3명, 마을 주민 4명, 학생 7명이 매점협동조합 설립준비위원회에 참여하고 있다. 이들은 모든 회의부터 준비하는 과정에 동등한 자격으로 참여한다. 이

과정에서 민주주의를 배운다고 생각한다. 민주주의는 토론에 토론을 거듭하며 의견을 조율하고 합의점을 찾아가는 기나긴 과정이다. 그러나 이것을 견뎌야 민주주의의 꽃이 피어난다. 우리 학교매점협동조합은 본관 1층에 위치하여 학교 담장을 허물고 누구나 이용하도록 문턱을 낮추기로 결정했다. 학교매점협동조합은 이윤을 남기는 것이 목적이 아니라 조합원들의 의사를 반영하여 운영하는 것이기에 민주주의 교육공간으로서 지역 사랑방 기능을 할 수 있을 것으로 기대하고 있다."

군포시, 장○호(2016년 5월 27일 면담에서)

6. 방과 후 인문학 강좌는 왜 실패했을까?

"특성화고등학교에서 방과 후 교육과정으로 학력향상반을 운영하여 영어, 수학을 지도해 보았으나 성적이 좋지 않다는 낙인효과 때문인지 학생들이 오지를 않았다. 그래서 교직원회의 결과, '사회에 나가면 어쩌면 영어나 수학보다 인문학적 소양이 더 중요할 것이다'라는 데에 합의하여 지역시민단체인 '부천문화연대'와 연계하여 교양교육으로 인문학 강좌를 10차시에 걸쳐서 진행했다. 인문학 강좌에는 누구나 올 수 있었지만 대부분의 학생들은 관심이 없었다. 주5일 중에서 유일하게 하루만 6교시를 하고 나머지 4일은 7교시까지 하다 보니 학생들은 먼저 학교를 벗어나고 싶어 한다. 일단 출석률이 좋지 못했다. 학생들은 방과 후에 학교에 남아서 뭔가를 하는 것 자체를 싫어한다. 6교시를 하는 날은 학생들 나름의 약속이 있는 날이다. 강좌를 들으러 오는 학생들이 극소수에 이르다 보니 이래저래 시민단체와 만나는 청소년 인문학 강좌는 실패하고 말았다. 학생들이 교양 있는 시민으로 성장하도록 인문학 강좌를 지역사회와 연계하여 시도했으나, 방과 후에 개설하는 강좌는 학생들의 참여를 이끌어 내지 못했다. 어렵게 민주시민교육을 시도했으나 참여율 저조로 실패했다. 따라서 취사선택이 아닌 필수 교육과정으로 민주시민교육을 할 수 있는 방안을 모색하는 것이 제일 시급한 일이다.

　아무리 좋은 강좌를 배치하더라도 들을 사람이 없으면 허사다. 구슬이 서 말이라도 꿰어야 보배가 되듯이 좋은 강좌를 알아보는 안목이 필요하고 그것을 위해 기꺼이 시간과 노력을 기울여야 한다. 학생 입장에서 방과 후 과정으로 진행하는 인문학 강좌는 실패할 수밖에 없다. 지역사회와 결합한 인문학, 또는 민주주의 기초 과정을 정식으로 학교교육과정 속으로 들여올 수 있는 방안을 모색해야 한다. 창의적 체험활동 시간이나 교과와 연계하여 구성할 수도 있다. 학생뿐만 아니라 교사도 지속적으로 민주주의를 배우고 생활에서 실천해야 하므로 교사와 학생 모두의 교양강좌로 민주시민교육을 적극적으로 학교교육과정에 배치할 필요가 있다."

부천시, 김○애(2016년 9월 19일 면담에서)

4장
봉사활동으로 성장하는 민주시민

창의적 체험활동 중에서 봉사활동은 교사의 손이 가장 미치지 않는 영역이라고 할 수 있다. 대체로 봉사활동이 학교교육계획에 의거해서 학교에서 집단으로 진행하는 것은 통과의례와 같은 방식으로 운영되어 학생들에게 진정한 의미의 봉사활동이 되지 못한다. 그럼에도 불구하고 진정한 봉사활동은 찾기 나름이며, 이웃이나 지역사회에서 쉽게 연대할 수 있는 참여와 실천의 영역이기도 하다. 재난 현장이나 돌봄이 필요한 곳에 봉사활동의 손길은 절실하다. 개인이나 동아리에서 희망자 또는 단체로 지역사회와 연계하여 캠페인 활동을 하거나 행사 부스를 직접 운영하는 활동을 하면 봉사활동으로 인정되는 경우도 있다. 지방자치단체나 시민사회단체에서 주관하는 지역축제와 같은 행사에 참여하게 되면 지역사회에 대한 공부와 함께 행사 진행에 따른 봉사활동을 할 수 있어서 이 과정 자체가 주체적 시민으로서 경험이 될 수 있다.

창의적 체험활동의 영역인 자율·동아리·진로·봉사활동이 따로 분리되어 있는 것이 아니라 이 네 가지는 서로 유기적으로 작동되며 동시에 진행할 수도 있다. 이러한 점에서 창의적 체험활동은 운영의 미를 살릴 수 있는 기획, 하나의 주제로 상호 결합 가능한 활동으로 구성하면 더욱 효과적이다.

예를 들면 학교 축제를 기획, 운영, 진행, 평가 과정을 학생자치활동으로 진행한다면 각 동아리에서는 축제에 필요한 부스를 운영하거나 전시, 공연, 안내 등의 역할을 맡아서 주체적으로 참여하고 그 과정에서 진로와도 연관된 활동을 도모할 수 있다. 또한 축제의 전 과정에 학생들의 자발적인 봉사활동으로 학교 환경을 깨끗이 하고 분리수거도 철저히 하여 환경보호, 자원절약도 실천할 수 있다. 이러한 유기적인 연관 활동은 긍정적 효능감으로 나타나기 마련이다. 창의적 체험활동으로 성장하는 요소는 무엇보다도 학생들이 주체적으로 참여하여 직접 활동하는 중요한 경험이기 때문에 사전에 준비할 마음가짐이나 공부가 이루어지도록 하는 교육적 노력이 필요하다.

[표 21] 봉사활동으로 성장하는 민주시민교육

순번	이름	학교 소재	봉사활동으로 수행하는 민주시민교육
1	금○옥	군포시	기후변화와 환경운동
2	나○정	청주시	수암골 벽화마을, 연탄트리 만들기
3	염경미	오산시	인권동아리, 다문화축제에서 춤추다

1. 기후변화와 환경운동

"학교에서 환경담당자가 되면서 환경봉사활동을 하는 학생들과 소통하기 시작했다. 재생 가능한 에너지를 사용할 것과 모든 물자를 덜 소비하기, 기후 변화로 인한 자연의 역습에 대하여 학생들과 같이 대안을 찾는다든가 생존 위협에 처한 환경난민은 누가 만들어 내는지, 우리도 환경난민이 될 수 있는 지를 상상한다. '지구환경과 생태를 생각하고 실천하는 시민으로 일주일 살 기 프로젝트'를 진행한다. 환경을 생각한다면 덜 소비하는 일이 가장 실천적 이라 할 수 있으나, 대량생산과 대량소비에 이미 젖어 있는 현대인의 소비생 활 습관의 변화가 필요하다. 즉 소비자의 각성과 연대가 필요한 지점이다.

지구 생태를 살리는 일은 언제나 실천이 중요하다. 육식과 기후변화, 식량 문제, 물 부족, 지구 온난화로 이어지는 것을 이해하고 봉사활동이 주는 의미 를 다시 생각하게 한다."

군포시, 금○옥(2016년 5월 26일 면담에서)

2. 수암골 벽화마을, 연탄트리 만들기

수능시험을 마치고 이런저런 특별 프로그램을 찾던 중, 우리 고장 에 있는 수암골 벽화마을에 가서 지역봉사활동을 하자는 의견이 나왔 다. 단순히 일손을 거드는 봉사활동이 아니라, 수암골의 역사와 문화, 그곳에 살고 있는 사람들의 이야기에 무게를 두자는 데에 합의를 하였 다. 동료 교사 3명과 희망하는 학생 30명이 수암골 벽화마을을 방문하 여 지역사회와 깊게 만나기로 하였다.

수암골 벽화마을에서 연탄트리 만들기 작업을 같이한 학생의 이야 기는 진지했다. 이 활동으로 학생들이 기부한 5,000원은 수암골 연탄

그래피티 작품에 후원자 이름과 소망을 기재하여 전시되었다. 학생들은 사람 사는 이야기를 듣고 여러 가지 사회적 문제에 직접 접근하는 기회를 가질 수 있었다고 소감을 밝혔다. 나아가 지역사회에 대한 관심을 더 기울여야겠다고 의지를 태웠다.

"수암골은 벽화마을로 알려져서 전국에서 관광객이 찾아오는 아주 특별한 마을이다. 산비탈을 타고 올라가며 옹기종기 가난한 사람들이 모여 사는 겨울철 수암 마을은 춥고 을씨년스러웠다. 수암 벽화마을에서는 그동안 사람들에게 받은 사랑을 연탄트리로 만들어 수암골과 청주를 밝게 비추는 트리를 만드는 큰 프로젝트가 진행되고 있었다. 우리는 거기에 동참하기로 했다. 연탄트리를 만드는 데 5,000원을 기부하고 연탄재로 트리를 예쁘게 꾸미고는 '하늘다방'에서 '수암골 이야기'를 들으며 차를 마시는 시간을 가지는 일정이었다. 우리가 '하늘다방'을 찾은 데는 이유가 있었다. 수암 마을이 관광지가 되자 외지에서 상업자본이 밀려오기 시작했고, 원주민은 지긋지긋한 가난의 상징 같은 수암골을 떠나 소위 아파트로 이사를 가는 게 꿈이었다. 그런데 '하늘다방'에는 외지인이 아닌 수암골 원주민이 처음으로 가게를 열고 수암골 이야기를 들려주는 한 여인이 있었다. 그녀는 장애를 안고 그곳에서 나고 자랐다. 그리고 그곳에는 그 여인과 만나서 수암골 담벼락에 벽화를 그리기 시작한 한 사내의 삶이 함께 있다. 사람들은 그를 '벽화 천사'라고 부르며 그 둘의 아름다운 사랑을 응원했다. 우리는 그들의 따뜻한 사랑 이야기를 듣고 싶었다."

청주시, 나○정(2016년 7월 7일 면담에서)

수암 벽화마을 봉사활동을 다녀온 이○희 학생

〈제빵왕 김탁구〉라는 드라마 촬영지로 알려지기 시작해서 하루에 수백 명이 찾는 청주의 수암골은 벽화마을로 유명한 관광지가 되었지만 원주민들의 삶은 큰 변화가 없었대요. 대부분의 가게는 이미 외부에서 들어온 상업자본에 의해 장사를 하고 있어요. 우리는 지역사회의 일원으로서 다양한 사람들의 삶의 이야기가 있다는 사실을 알게 되었고, 수암골 탐방을 통해 우리 사회의 급성장과 화려한 관광지 이면에 가난한 사람들이 계속 배제되고 있다는 새로운 사실도 깨닫게 되었어요. '공존과 지속가능한 성장은 없을까?', '산기슭에 형성된 마을은 어떻게 생겨났을까?', '이곳에서 살던 많은 사람들은 어디로 갔을까?' 등 아직도 수암골에서 뛰어놀던 어린 시절의 친구가 그리워 이사한 지 몇 해가 지나도 찾아와 골목길을 서성이는 사람들로부터 많은 이야기를 들었어요. 벽화마을 수암골의 역사와 삶의 이야기를 나누며 진행한 봉사활동을 통해 해마다 겨울에는 수암골에서 연탄트리를 만들고 싶어요. 그래서 벽화 천사의 꿈인 3,000개의 축복이 되고 싶어요."

(2016년 7월 7일 면담에서)

3. 인권 동아리, 다문화축제에서 춤추다

경기도 화성시는 외국인 이주민이 빠르게 증가하는 수도권의 도시 중 하나이다. 크고 작은 생산 공장이 많아서 외국인 노동자들이 많고 결혼이주여성도 매년 급증하고 있다. 이러한 사회 변화에도 불구하고 외국인 이주민에 대한 차별적 시선이 여전하다면 심각한 문제가 아닐

수 없다. 인권 동아리에서는 지역사회에 있는 아시아다문화센터를 직접 방문하고 지방자치단체에서 주관하는 다문화축제에 참가하여 직접 활동을 경험함으로써 다문화와 인권에 대한 감수성을 높였다. 동아리 차원에서 지역사회의 다문화축제에 참가하여 직접 만나고 봉사활동을 하는 유기적 관계라고 할 수 있다. 나는 아시아다문화센터와의 만남이 계기가 되어 지속적인 시민회원으로 활동하고 있다. 당시 내가 쓴 인권 성장일기는 다음과 같이 기록하고 있다.

"2012년부터 인권교육과 다문화교육을 실시하고 지방자치단체에서 지원하는 다문화 지역축제에 참가했다. 베트남 부스를 운영하며 지역사회에서 원주민과 이주민이 함께 행복을 누리고 인권이 존중받는 사회를 위한 여러 가지 활동에 참여했다. 그중에서 가장 인상적인 활동으로 우리 인권 동아리 학생들이 다문화축제에 참여한 결혼이주여성과 그 배우자인 한국인을 만나 인터뷰를 하고 어려움이나 우리 사회에 바라는 점을 직접 이야기 나눈 점이라고 할 수 있다. 앞으로 학교 예산을 확보하여 지역시민사회와 연계하여 인권교육과 다문화교육을 지속적이고 체계적으로 실시하고 싶다. 학생뿐만 아니라 교사, 학부모, 지역 주민 누구에게나 열려 있어서 인권과 다문화 감수성을 증진시키는 교육과 문화행사가 좀 더 광범위하게 있으면 좋겠다. 이런 게 바로 교육청이나 지방자치단체장이 적극적으로 지원해야 할 민주주의교육이 아닐까? 생활에서 자연스럽게 서로를 존중하고 서로 다름을 인정하는 자세, 그러면서도 평화롭게 사는 세상을 만들려면 학교와 시민단체가 손을 잡고 교육활동을 해야 한다."

오산시 세마중, 염경미(2012년 5월 12일 일기 중에서)

창의적 체험활동으로 실천하는 민주시민교육은 여러 가지의 다양한 이야기를 통해 다음과 같이 그 특징을 요약할 수 있다.

첫째, 창의적 체험활동은 학생들이 스스로 선택하여 직접 참여로 이루어지기 때문에 주도성, 주체성, 자기 결정권, 운영과정과 방법, 평가에 이르기까지 직접적 경험이 바탕이 된다. 따라서 지식과 가치 영역을 넘어서 참여와 실천 영역이 주를 이룬다. 교과 시간에 다소 부족한 참여와 실천의 경험이 창의적 체험활동을 통해 충족되므로 성취에 대한 효능감이 크다. 또한 활동 자체가 자발성, 동료들과 협동과 소통, 존중, 적극성, 책임성, 소속감을 기반으로 전개되기 때문에 이 과정에서 민주시민으로서의 태도와 실천을 배울 수 있다.

둘째, 자율활동에서는 학급자치, 학생자치, 지역자치를 중심으로 전개하고 있었는데 그 과정에서 민주적 절차를 가장 중시하는 것으로 나타났다. 따라서 민주적 회의문화의 중요성이 부각되었다. 의견의 수렴 과정과 합의에 이르는 절차적 민주주의가 이루어지면 승복했다. 시간이 다소 걸리고 토론이 길어져서 합의가 어려운 문제일지라도 민주적 절차를 거쳐서 만들어 낸 결과에 대해서는 학생들이 존중하고 이에 따르는 모습을 보였다. 반대로 결과가 좋더라도 민주적 절차 과정을 거치지 못한 경우는 힘을 발휘하지 못하거나 학생들의 지지를 받지 못했다.

셋째, 창의적 체험활동 영역은 학교와 지역시민사회가 연계하는 양상을 보였다. 지역시민사회-학교-교육청-지방자치단체 사이에 민주시민교육을 위한 거버넌스가 구축되고, 교육이 학교에서만 이루어지는 것이 아니라 우리 사회 전체가 민주시민 육성을 위해 서로 협력하는 장이 늘어나고 있었다. 각 분야에서 전문적인 활동을 해 오던 지역시민사회가 학교와 결합하고, 현장체험이나 전문적 지식과 실천 경험을 학교 안으로 가져오는 것이다. 이러한 교육을 위해 필요한 사전 모임이나 워크숍은 지방자치단체 또는 교육청 차원에서 지원해 주고 있었다.

넷째, 창의적 체험활동 영역인 자율·동아리·진로·봉사활동이 따로 분리되어 있는 것이 아니라 이 네 가지는 서로 유기적으로 작동되며 동시에 진행할 수도 있다는 점에서 운영의 미를 살릴 수 있는 기획이 필요했다. 또 창의적 체험활동은 교과수업과는 달리 모든 학생들이 같은 프로그램을 경험하는 것이 아니라 그 활동 영역을 선택한 학생들만 직접 경험할 수 있는 한계를 지니고 있다.

다섯째, 지역사회와 연계한 창의적 체험활동이 활발하게 전개되기 위해서는 이를 연결할 수 있는 교사의 역할이 매우 크게 작동하고 있었다. 즉 교사가 관련 시민단체 활동을 직·간접적으로 하거나 연결이 가능한 네트워크를 가지고 있을 때 쉽게 이루어지는 양상을 띠고 있다. 이러한 개인적 한계를 뛰어넘어 보다 체계적인 연결의 구심적 역할을 하는 민주시민교육지원센터가 필요하다. 지역시민사회와 연계한 창의적 체험활동이 학생들에게 참여와 실천이라는 측면에서 민주시민교육을 한층 업그레이드할 수 있고 시민단체를 직접 만나는 기회를 제공하고 있었다.

5부

다시
학교에서 길을 찾다

1장 교사의 하루

2장 지역시민사회와 학교의 만남

3장 '좌충우돌' 사회참여반, 민주주의 현장을 가다

4장 갑론을박-왁자지껄 토론교실

5장 길을 묻는 그대에게

6장 이제는 민주시민교육이다

1장
교사의 하루

2017년 3월, 안산에 있는 시곡중학교로 발령이 났다. 다시 학교다. 1학년 1반 담임이 되었다. 긴장과 설렘이 교차하는 서른한 명의 아이들을 맞이하였다. 3월의 학교는 늘 낯설고 정신없이 바쁘다. 각 부서의 업무 담당자들이 보내는 메신저가 하루에도 50여 개가 넘는다. 1시간 수업을 하고 나서 잠깐 교무실에 들르면 메신저가 수십 개가 있고, 뭔가를 해 달라고 요청하는 첨부파일을 다 열어 보기도 전에 다음 시간을 알리는 종이 친다.

내가 근무하는 학교는 32개 학급의 대규모 학교에 속한다. 교사가 58명이고, 직원을 다 합치면 80여 명에 이르다 보니 현대사회의 특징인 관료조직의 양상을 그대로 드러낸다. 업무의 책임성이 바로 그것이다. 수업은 수업대로, 업무는 업무대로 두 가지를 모두 소화해야 하는 교사들은 서로의 얼굴을 쳐다볼 겨를도 없이 또 하루가 간다. "내가 이러려고 교사가 되었나? 하는 생각에 자괴감이 들고…" 하는 소리가 유행어가 되었다. 아날로그식 대면 관계를 좋아하는 나는 그만 눈물이 나왔다. 얼굴도 모르는 생면부지의 동료들이 쉴 새 없이 요구하는 업무 요청에 쓸쓸하고 외로웠다. 나만 디지털 시대의 정보지식 시스템을 못 따라가는 것 같은 위기감도 들었다.

이렇게 학교를 옮기게 되면 백전노장의 교사라 할지라도 신규 교사보다 더 머뭇거린다. 학교마다 약간씩 다른 문화가 있는데 그중에서도 학교 구성원들이 그동안 만들어 놓은 양식이다. 그러다 보니 새로 전입해 간 교사는 새로운 시스템에 적응하느라 스트레스를 많이 받는다. 그렇다고 대놓고 "그전 학교에는 안 그랬는데…" 이런 말은 금기어다. "로마에 왔으면 로마법을 따라야 한다"라는 무언의 압력이 느껴진다. 중간에 전입해 오는 학생들도 새 환경에 적응하느라 고생을 하듯 교사도 새 학교에 적응하자니 고생이다.

나는 도로가 막히는 출근시간이 두렵다. 그래서 조금 일찍 집을 나선다. 적어도 7시 30분에는 집을 나선다. 25km 거리이지만 시내 신호등과 출근시간의 혼잡으로 한 시간 정도를 잡아야 한다. 이른 시간인데도 벌써 일터로 가는 사람들의 차량이 도로에 가득하다. 가까운 곳으로 출근한다면 8시가 넘어서 나서도 될 터이지만 10분 늦게 나서면 1시간 더 지체될지도 모르는 위험을 감수할 수가 없어 여유 있게 길을 나선다. 8시 10분경에 학교에 도착하면 일찍 나오는 동료 교사들이 2~3명 정도 있어서 차 한 잔의 여유를 가진다. 그러고 나서 컴퓨터를 켜고 업무를 시작한다. 시간표 바뀐 것이 있나 싶어서 컴시간 알리미를 확인한다. 이어서 새로 들어온 통합메신저를 확인하고 다운을 받기도 한다. 9시 등교를 시작한 지 몇 년이 지났지만 아이들은 8시가 넘으면 학교에 오기 시작한다. 일찍 학교에 온 아이들은 등나무 그늘에서 책을 읽거나 휴대폰을 가지고 놀거나 삼삼오오 운동을 한다. 학교

건물의 현관문은 30분이 되어서 학생들이 많아지면 비로소 열어 준다. 안전을 위해서다. 맨 먼저 온 아이가 교무실에 와서 교실 열쇠를 가져가며 인사를 한다. 나는 수업 시간에 가지고 들어갈 준비물을 챙기고 교무수첩과 오늘 반 아이들에게 받아야 할 것, 나누어 줄 것, 부탁할 것을 점검한다.

나는 8시 50분에 교실에 들어가 아이들과 인사를 나눈다. 모두 학교에 왔는지 안부를 묻는다. 독감으로 어제는 예슬이가 결석을 하더니 오늘은 은빈이가 결석을 했다. 결석생이 생기면 일단 학부모와 통화를 하고 상태를 확인한 뒤, 학년부장에게 보고를 해야 한다. 이어서 다음 날에는 결석계를 주어서 본인과 학부모의 서명을 받아야 하고, 이를 증명하는 병원 진료확인서도 받아 두어야 한다. 병원 갈 만큼 아프지 않아도 아파서 결석했다는 증명을 위해서 병원에 다녀오고 진료확인서를 떼야 한다. 그것을 다 받아 철을 해두고 매 월말마다 결재를 받는다. 결석하는 아이가 없으면 참 좋겠지만 아이들은 아프기도 하고 다치기도 한다. 그러면서 자란다. 오늘도 민우가 다리를 다쳐서 병원에 입원했다는 연락을 받았다. 집으로 돌아가는 길에 놀이터에서 뛰어내리다 인대를 다쳤다고 한다.

아이들은 웬만하면 학교에 온다. 결석하면 큰일 나는 줄 알고 학교는 오려고 애를 쓴다. 그것은 옛날이나 지금이나 같다. 참 고마운 일이다. 아이들이 학교 오는 걸 좋아하니 교사로서 얼마나 고마운 일인가 싶다. 아이들은 마스크를 쓰고 환절기 독감 조심을 하고 있다. 미세먼지 주의보에도 매우 민감하게 반응한다.

정보부에서는 담임에게 학생 본인과 학부모의 서명을 받은 개인정보동의서를 걷어서 달라고 며칠째 독촉하고 있다. 보건 교사는 건강 상태를 알리는 응답지를 나누어 주고 걷어 달라고 한다. 행정실에서는 학부모총회에 못 오시는 분은 위임장을 내라고 한다. 체육과에서는 스포츠리그전 선수를 뽑아 달라 하고, 학생인권부에서는 학교폭력에 대한 설문조사를 해서 결과를 달라고 한다. 교복 공동구매 담당 교사는 하복 구매 의사를 재확인하라 하고, 또 정보부에서는 인터넷 중독 검사를 해 달라고 한다. 자유학기제를 담당하는 교사는 1학년 전교생과 전 학부모에게 자유학기제에 대한 사전 설문조사를 해 달라고 하는데, 이게 모두 인터넷이나 스마트폰을 이용해서 하는 작업이다. 아이들은 데이터가 없어서 못 한다고 하고 일상에 바쁜 학부모들도 안내문을 제대로 받아 보기는 했는지, 받아 본다고 해도 인터넷에 쉽게 접속해서 해 줄지는 미지수이다. 담당 교사는 통계를 내야 한다고 담임을 압박한다. 빨리 해내라고 여기저기에서 아우성이다. 모두가 자기 업무만 최우선이듯 "빨리빨리" 하고 압력을 넣는다.

　담임은 여유를 가지고 생각할 시간을 갖지 못한 채, 아이들을 들들 볶아 잔소리 대마왕이 되어야 한다. 괴롭다. 나는 아직도 안 낸 학생은 손을 들어 보라고 한다. 분명 서너 명이 안 냈는데 아이들은 자신이 냈는지 안 냈는지를 모른다. 하도 내라는 게 많아서이다. 이름을 일일이 확인하고서야 안 낸 아이가 드러난다. 그제야 그 아이들은 배시시 웃는다. 자신들이 안 낸 줄도 모르고 즐겁기만 하다. 내일 가지고 오겠다고 하지만 받은 용지를 어디에 두었는지도 모를 것이 뻔하다. 다시 복사를 해서 한 부씩 나누어 주고 신신당부를 한다. 연구부에서는 기초학력진단검사 결과, 보정이 필요한 아이들 명단을 주면서 학부모의 동의서를 받아 오라고 한다. 개별 접촉으로 비밀스럽게 이야기를 하고 부모님 의사를 받아 오라고 부탁한다. 아무리 재촉을 해도 아이들이 다 내어야 제출도 할 수 있지 싶어서 기다린다. 9시 15분, 1교시를 알리는 종이 친다.

나는 서둘러 수업을 하러 간다. 2월 말 나의 요청에 따라 사회는 주 3시간 수업 중에서 1회는 2시간 블록타임으로 수업을 한다. 2시간 연이어 해야 학생활동 중심의 수업이 가능하기 때문이다. 요즘 아이들은 그냥 앉아서 하는 수업은 재미없다고 말한다. 어쨌든 자기들이 무엇인가를 표현하기를 원한다. 카드라도 쥐고 흔들고 싶어 한다. 다행이다. 살아 움직이는 느낌이다. 그렇게 정신없이 몇 시간 하고 나면 점심시간이다. 아이들이 제일 좋아하는 시간이다. 당연히 아이들은 밥 먹으러 학교에 온다. 밥도 먹고 친구와 만나서 놀기도 하고 공부시간엔 공부도 한다. 그러려고 학교에 온다.

내가 맡은 1반은 활기가 넘친다. 인사성이 밝고 살갑기 그지없다. 점심시간에 급식은 급식당번이 진행하고 나는 아이들과 같이 교실에서 급식을 먹는다. 비담임 교사들은 교직원식당에서 밥을 먹지만 담임교사들은 급식 지도를 해야 한다. 우리 반 아이들과 첫날 이런 대화를 했다.

"우리는 모두 즐거운 점심시간을 바란다. 빨리 밥을 먹고 싶은 마음은 다 똑같을 것이다. 그러니 우리가 스스로 정하는 약속이 있어야 하고 그것을 잘 지켜야 모두 불만이 없다. 어떻게 순서를 정해야 할까?"

1번부터 급식을 배식 받되, 그다음 날에는 2번부터 받고 어제 제일 먼저 받은 1번은 맨 뒤에 줄을 서는 방식으로 순서를 정했다. 그런데 아이들이 예외적인 조항도 정했다. 우리 반에 도움반 친구 경태의 점심은 제일 먼저 도우미가 받아서 가져다주고, 담임선생님 점심도 나영이 가 받아서 선생님 책상 위에 올려다 놓으면 담임선생님이 수업 마치고 오시는 대로 식사를 할 수 있도록 하겠다는 것이다. 경태와 나는 특별 한 배려와 존중을 받았다. 나는 이러한 아이들의 결정이 정말 고마웠 다. 담임교사로서 아이들에게 대접받고 존중받는 기분이 들었다. 매일 고마운 마음으로 점심을 먹는다. 아이들은 약속대로 돌아가면서 줄을 서고 줄곧 잘하고 있다. 이 또한 얼마나 고마운 일인가. 중간에 새치기 를 시도한다든가 맛난 것이 나오면 더 달라고 우긴다든지 하면 난리가 날 터인데 아직까지는 그런 일이 없었다.

급식에 대한 민원이 발생하지 않아서 좋다. 아이들에게 급식이 얼마 나 중요한 것인지 아는 까닭에 급식 민원을 해결하기가 어려운 일이다. 점심을 빨리 먹은 아이들은 운동장에 나가서 뛰어놀거나 볕을 쐬며 산 책을 하라고 권한다. 나도 밥을 다 먹으면 잠시 교무실에서 차를 한 잔 마시고 오후 시간을 준비한다. 이어서 다시 교실에 잠깐 들러서 교실 상태를 확인하고 밥을 먹은 후의 정리정돈을 도와준다. 오후 수업이 2~3시간이 남아 있다. 수업을 모두 마치면 이제 다시 교실로 아이들을 보러 간다. 별일은 없었는지, 오늘 하루는 어땠는지를 물어본다. 또 이 런저런 전달사항을 적어 가며 알려 준다. 우리 반 아이들은 휴대폰으 로 칠판에 적어 준 것을 찍어서 가져간다. 아날로그 세대의 담임교사 와 디지털 세대의 아이들 풍경이다.

아이들은 바쁘다. 또 갈 곳이 있다. 학원에도 가야 하고 친구가 기다 리기도 한다. 종례시간 동안에도 몇 번이나 엉덩이가 들썩거리고 가방 은 이미 메고 있다. 청소도 해야 하는데 아이들 마음은 벌써 집으로 가고 있다. 청소당번 아이들 마음은 이미 콩밭에 가 있다. 선생님이 같이 빗자루를 들고 있으니 도망을 가지도 못한다. 깐깐하게 청소도 공부라고 하며 청소하는 방법을 가르친다. 교실 청소는 네 명이고 복도 청소는 한 명이다. 누구라고 할 것 없이 아이들은 번갯불에 콩 볶듯 얼렁뚱땅하고 난 뒤에 청소 다했다고 한다. 매의 눈으로 교실과 복도를 돌아보며 잔소리를 한다. 바닥에 뒹구는 쓰레기를 쓸면서 말이다. 창문을 닫고 아이들을 모두 집으로 보낸다. 내일 만나자고 인사를 하며 교실 문을 잠근다. 7교시가 없는 날에는 오후 4시경이다. 7교시까지 하는 화요일, 수요일, 목요일에는 오후 5시가 되어서야 청소당번들을 모두 보내고 교실 문을 잠그는 시간이 된다.

아이들이 모두 돌아가야 일을 할 수 있다. 아이들이 있는 일과 중에는 아이들이 들락날락하면서 무엇인가를 계속 묻거나 도움을 청하는 일이 많아서 집중할 수가 없다. 그러다 보면 금방 퇴근시간이다. 정신없이 보낸 교사의 오늘 하루가 이렇게 저물고 있다. 교무실에서 학급 교실로, 수업 교실로 종종거리며 이동하고 말썽이라도 생기면 그 아이와 상담하느라 시간이 다 간다. 조용하고 얌전한 아이들과는 눈 한 번 맞출 사이도 없이 그만 하루가 가고 만다. 유독 조용한 아이들은 담임선생님과 대화 한마디 나누지 못하고 집으로 가야 한다. 언제나 그 아이들에게 마음이 쓰인다. 혹시 아이가 '선생님이 나에겐 관심이 없어. 내 이름도 아마 모르실 거야'라고 생각할지도 모른다. 착하고 얌전한 아이들에겐 미안한 하루가 또 가고 있다. 그러고도 하루가 모자라는 교사들은 나머지 일을 한다. 잔업이다. 3월 한 달 내내 잔업을 했다. 과로 경고음이 울린다.

2장
지역시민사회와 학교의 만남

내가 살고 있는 안산이라는 지역사회에는 어떤 사람들이 살고 있을까? 안산다문화특구답게 다양한 사람들이 살고 있을 것이다. 안산은 1970년대에 반월공단이 들어서면서 공업도시로 출발했으나, 배후에 100만의 광범위한 인구를 품으면서 교통의 요지로 부각하고 있다. 특히 2014년 세월호 참사로 안산은 슬픔과 기다림의 도시로 상징되었다. 한편 안산은 시화호를 중심으로 광범위하게 환경운동이 전개된 곳이고, 세월호 이후의 교육을 생각하는 도시가 되었다.

안산에서 활동 중인 시민단체는 어떤 것이 있을까? 사전 조사를 한 결과, 50여 개의 시민단체가 활발하게 시민운동을 전개하고 있었다. 시민단체에 대해 좀 더 구체적으로 알기 위해 1학기 수행 과제로 학생들이 직접 조사하고 인터뷰하여 발표하는 활동을 했다. 모둠별로 시민단체를 방문하여 각각의 시민단체가 추구하는 목적은 무엇이며, 그들이 만난 시민활동가는 어떠한 경로와 철학으로 이러한 일을 도모하는지 알아 가는 과정이었다. 4인 1조의 각 모둠에서는 자신들이 찾아가야 할 시민단체에 대해 사전 조사를 수행하고, 담당자와 전화로 인터뷰

일정을 잡고 면담을 한 후에 보고서 작성 ⇨ 발표 ⇨ 제출 과정을 거쳤다. 학생들이 제출한 보고서를 모두 합치면 안산지역사회 시민단체 인프라 지도를 만들 수 있을 정도로 진행이 되었다. 또 하나의 결실은 이 과정에서 소통하게 된 시민단체와 우리 학교는 서로 교육적 도움을 주고받게 되었다.

안산지역 시민단체를 직접 찾아가 자료를 수집한 계기는 2016년 '학교민주주의 지수' 결과에서 피드백 받은 내용으로 학부모들의 요구 중 하나가 '지역사회와 소통하는 학교'를 원하고 있었다. 이러한 요구를 적극 수용하여 '안산통일포럼'과 함께 사흘 동안 통일교육을 진행하게 되었다. '안산통일포럼'에서 나온 강사진들과 교사들이 팀티칭을 이루어 '통일 한반도, 상상 이상의 것을 상상하라'라는 주제로 1학년, 2학년, 3학년 모든 교실에서 사흘 동안 2시간 블록타임으로 진행했는데 학생들은 뜨겁게 반응하였다.

2학기에는 '안산 탁틴내일' 시민단체와 결합하여 전문 강사 12명이 내방하여 '학교폭력예방교육'을 진행하였다. 전문가의 오랜 경험을 살려서 학생들을 대하는 자세가 매우 인권적이고 친밀하여 교육적 효과가 좋았다.

또 '안산경제정의실천시민연합'과 함께 소비자 교육의 일환으로 공정여행, 공정무역을 통한 경제정의에 대하여 생각하는 시간을 계획하였다. 1학년 전체 학생들이 경험하는 수업으로 평생을 이 경제정의를 위한 소비자교육에 몸담고 있는 현장 활동가 12명이 학교로 와서 우리 교사들과 같이 팀티칭으로 3시간 연속으로 진행하였다. 위의 통일교육,

[표 22] 2017년 시곡중학교와 결합한 지역시민단체와 교육 일정 및 내용

	시민단체	대상 및 일시	주제	교육 내용
1	청소년 열린 공간 99도씨	1-1 5.18(수)	우리 동네 청소년을 위한 시민단체 방문 (3시간)	'청소년 열린 공간 99도씨'를 방문하여 담당 선생님으로부터 이야기를 듣고, 우리 동네에 학교 외에 청소년을 위한 이러한 공간과 지원하는 어른들이 있다는 사실을 알게 되어 역사기행 프로그램 등에 적극 결합하게 됨
2	안산 통일 포럼	전교생 7.18(수) -1학년 7.19(목) -2학년 10.12(목) -3학년	통일 한반도, 상상 이상의 것을 상상하라 (2시간)	11명의 통일 전문 강사가 내방하여 본교 교사와 팀티칭으로 2차시 연강. 각 교실에서 진행하고 학년별로 진행하여 전교생이 한반도 통일과 평화에 대하여 진지하게 생각하는 계기가 됨
3	안산 탁틴내일	1학년 전체 9.6(수)	학교폭력예방교육 (3시간)	2회 4차시에 걸쳐서 청소년 전문 강사들이 내방하여 대면 교육이 이루어짐. 학생들이 학교폭력에 대한 감수성이 높아짐
4	안산 경제정의 실천연합	1학년 전체 10.11(수)	윤리적 소비와 소비자 연대 (3시간)	경제민주주의란 무엇일까? 우리가 할 수 있는 경제 정의에는 어떤 것이 있나? 소비자 연대로 이루어지는 공정무역, 공정여행, 지역 내의 사회적 기업, 사회적 협동조합을 만들어 진행하는 새로운 경제지도 그리기 활동
5	풀뿌리 자치센터	1-1반 10.11(수)	우음도 갯벌 현장체험 (3시간)	전문 해설사의 안내로 갯벌의 생태 및 갯벌의 중요성 체험
6	안산환경 재단	1-1, 1-3 11.1(수)	시화호 갈대습지 (3시간)	전문 자연해설사의 안내 및 설명이 있는 시화호 갈대습지 체험학습 및 한 바퀴 돌이보기
7	안산 연수처리장	1-1, 1-3 11.8(수)	상수도시설, 하수처리장 (3시간)	지방자치단체의 수도시설과 하수처리장 현장탐방으로 물의 소중함 이해하기

8	단원 미술관	1-1 11. 15(수)	단원 작품 중심의 미술관 체험 (3시간)	미술관 큐레이터의 전문 해설을 들 으며 지역사회의 문화의 품격을 드 높인 단원 김홍도 바로 알기
9	청소년 수련관	1-1 11. 29(수)	청소년 정책 (3시간)	청소년을 위한 공간, 청소년을 위한 각종 사업을 하고 있는 현장을 찾아 가 아동과 청소년을 위한 사회적 여 건과 환경에 대하여 알아 가는 시간

학교폭력예방교육, 소비자교육은 모두 사회현장의 생생한 경험을 바탕으로 하는 전문가들이 들어와서 모든 학생들에게 학습 기회를 주었다는 점에서 매우 고무적이다. 한반도의 평화를 만드는 시민, 학교폭력을 몰아내고 민주적이고 인권적인 학교를 만드는 주체적인 학생시민들, 경제민주주의를 생각하고 실천하는 소비자로서의 민주시민교육이 바로 그것이었다. 무엇보다도 시민단체에 참여하여 실천하는 시민으로 살아오신 현장성을 전달받을 수 있어서 더 좋았다.

한편 자유학기제의 진로탐색 시간에 담임의 철학에 따라 학급 단위로 다른 경험을 할 수 있다. 최근 회자되는 4차 산업혁명과 미래사회에서 주목받는 진로 중 하나가 바로 우리 사회를 좀 더 민주적이고 질 높은 세상으로 만드는 일을 하는 시민활동가를 들고 있다. 학교 밖 시민사회단체와 결합하는 일은 매우 의미 있다. 현장경험을 가진 사람들이 전하는 실천 영역이기 때문이다.

내가 맡은 1반은 활달하다. 교실보다 바깥을 더 좋아한다. 그래서 추진한 것이 학교와 시민단체와의 만남이다. 안산환경재단과 결합하여 직접 탐방수업으로 시화호 갈대습지를 가기로 했다. 안산환경재단의 습지 전문 해설사의 도움을 받으며 현장을 둘러보기로 했다. 또 풀뿌리자치센터와 결합하여 우음도 갯벌 현장체험을 생생하게 할 수 있게 되었다. 또 안산시청과 연계하여 상수도시설과 하수처리장을 탐방하여 물을 둘러싼 상황과 물 부족 상황에 대하여 공부할 기회를 얻었다. 환경과 생태를 생각하고 실천할 수 있는 학습 현장이 마련되어 이러한 방향으로 다양한 진로 탐색이 가능하게 되었다.

한편 청소년 동아리활동 사업을 지원하는 청소년 수련관을 방문하여 직접 프로그램 기획과 활동 과정도 보고, 청소년 지원정책도 들어보는 시간을 가질 수 있게 되었다. 뿐만 아니라 단원미술관을 찾아가 큐레이터와 함께 미술 작품을 감상하며, 현대의 컴퓨터 정보 활용과 대형 스크린의 입체적 효과를 살린 기술과 만나는 미술 작품을 보게 되었다. 이것은 컴퓨터를 가지고 놀기를 좋아하는 학생들에게 새로운 진로 탐색의 시간이 되었다.

3장
'좌충우돌' 사회참여반, 민주주의 현장을 가다

　민주주의는 투쟁이다. 민주주의는 연습이다. 민주주의는 역사이다. 그러므로 민주주의는 시민의 참여로 발전한다. 참여는 시민으로서 행동한다는 것을 의미한다. 학생들이 참여의 의미와 그 필요성을 파악하고 실제 사회 문제에 능동적으로 참여할 수 있는 능력을 기르는 것은 매우 중요하다. 그것은 곧 시민의 자질이기도 하다. 그렇다면 청소년은 어떨까? 아직 성인기에 도달하지 못했으므로 참여의 주체가 될 수 없는 것일까? 사회참여는 나이와 관계없이 누구나 실천에 옮길 수 있는 것일까? 청소년들이 사회의 각 분야에 참여한 실제 사례를 접하고 이들의 참여가 어떤 의미가 있으며, 현재 나는 시민으로서 사회의 어떤 부분에 어떤 방식으로 참여할 수 있는지 기회를 가지는 일은 유의미하다.

　민주시민교육에서 청소년 사회참여활동은 매우 중요하다. 학교에서 실천하기 쉬운 지식탐구과정과 기초 연습과정을 제안한다. 사회참여활동을 위해서는 먼저 알아야 한다. "알아야 면장도 한다"는 옛말이 있듯이 행동으로 나아가기 위해서는 사회문제에 대한 시민으로서의 감수성이 중요하다. 무엇이 문제인지, 왜 불편한지, 그것이 누구에게 유리하고 누구에게 불리한지를 함께 생각하고 토론하는 과정, 숙고를 통해 합의해 가는 과정 또한 몸으로 익혀야 한다.

나는 '좌충우돌' 사회참여반 지도교사이다. 창체동아리와 자율동아리는 한 몸이다. 직접적인 사회참여활동을 위하여 주제에 접근하는 과정은 사전 공부로 자료의 탐색과 책 읽기, 토론, 기본적인 마음가짐과 준비물 챙기기, 현장탐방 순으로 이어진다. 이렇게 민주주의 현장을 가는 이유는 그야말로 "백 번 들어서 아는 것보다 한 번 가서 직접 보는 것이 더 낫다"는 말을 믿기 때문이다. 지금 당장은 모르더라도 10년, 20년 뒤에 이 학생들이 청장년으로 성장하여 시민적 삶을 살 때에 그

[표 23] 2017년 '좌충우돌' 사회참여반 주요 활동 일정 및 내용

순	월일	'좌충우돌' 사회참여반 활동 내용	비고
1	3월 둘째 주간 (5일 연속)	3·8 세계 여성의 날 기념, 성 평등 캠페인 활동	3.6~3.10까지 교내 캠페인
2	4월 14일(수)	4·16 세월호 희생자 단원고 기억교실 방문 추모	사회적 치유와 회복-연대
3	5월 19일(수)	'청소년 열린 공간 99도씨' 시민단체 탐방 및 인터뷰	지역사회와 소통하기
4	6월 10일(토)	6월 항쟁 30주년 기념식 참가 및 민주둘레길 답사	직접 참여와 체험활동으로 전개하는 민주주의 현장답사
5	7월 8일(토)	5월 광주항쟁 유적지 답사 및 상황극 시연 참가	
6	8월 2일(수)	4·19국립묘지 참배-수요집회 참가-청계천 전태일 광장-박종철 기념관 답사	
7	9월 9일(토)	파주 임진강 일대와 민통선 해마루촌, 도라산역, 평화누리공원 답사	

들은 기억할 것이다. 그들이 중학교 다니던 시절에 사회참여반을 하면서 우리나라 민주주의 현장을 둘러본 오늘의 기억이 '어떻게 살 것인가?' 하는 물음에 대한 평생의 자양분이 될 것이라고 말이다.

'좌충우돌' 사회참여 동아리는 학교의 예산을 쓰는 것이 아니라 지방자치단체나 교육청에서 하는 사업에 공모하여 선정되어 예산을 지원받아서 활동을 한다. 그래도 학생 30명이 원거리 이동을 하는 교과 외 체험활동이기 때문에 내부 공문으로 그때그때 결재를 얻어야 하는 것은 당연하다. 목적, 일시, 장소, 이동수단, 단체보험 가입여부, 지도교사를 명시한 결재문과 첨부파일로 체험학습 사전 안전교육, 현장체험 활동 일정표, 참가자 명단 등을 첨부한다. 아울러 참가 학생은 매번 가정통신문을 보내어 학부모 동의서를 받아서 따로 철해 둔다. 왜냐하면 30명 중에서 5~6명 정도는 들쭉날쭉한데, 선착순으로 학부모 동의서를 가져온 사람을 신청자로 받고 더 있으면 예비자로 받아 둔다. 왜냐하면 당일 아침 1~2명은 늦잠을 자거나 갑자기 무슨 일이 생기거나 하여 참석하지 못할 경우가 발생하면 다른 사람에게 기회를 주려는 것이다. 또 매번 단체보험 가입을 하고 난 뒤에 출발하는 것은 당연하다. 이러한 과정에서 행정실과 실무사의 도움을 받게 되는데 예산이 학교 행정실에 배부되어 있기 때문이다. 행정실무에 능한 그들은 에듀파인으로 버스 계약을 하고 당일 현지에서 학생들이 먹을 식비로 쓰라고 카드를 내어 준다. 나는 학생들을 인솔하여 민주주의 현장답사를 하고 예산의 범위 안에서 식비를 결재한 후, 영수증을 잘 챙겨서 다음 날 행정실에 카드와 함께 제출하면 된다.

촛불집회는 박근혜 정권을 물러나게 하고 그를 법정에 세웠으며, 문재인 정부를 출범하게 하는 원동력이 되었다. 연인원 1700만 명이 5개월여 동안 매주 토요일마다 모여서 촛불시위를 벌이게 된 데에는 역사적 연원이 있다. 부정부패에 맞서 목숨 걸고 투쟁한 4·19혁명 정신, 유신 독재에 맞서 싸운 민주주의 운동, 군부의 재등장에 맞선 5·18광주민주화운동, 광주를 피로 물들이고 들어선 전두환 군사독재에 항거한 6월 민주화운동 정신이 면면이 이어져 온 것이다. 민주주의는 피를 먹고 자란다고 했다. 지금의 대한민국이 있기까지 수많은 민주열사들이 피를 흘린 민주주의 현장을 직접 탐방하는 일은 그야말로 특별한 경험이 될 것이다. '민주주의 현장답사 꿈의 학교' 학생 10명과 '좌충우돌' 사회참여반 학생 20명은 각각의 공모사업비를 가지되, 민주주의 현장답사는 같이 진행하였다. 왜냐하면 지도교사가 바로 나이기 때문이다. 학생 30명이 타는 버스에는 빈자리가 있다. 공개적으로 교사들을 모집하여 대여섯 명의 동료들이 같이 참가하여 오가며 우의를 다지고 새로운 세계를 함께 걷는 즐거움도 누렸다.

한편 참가 학생들은 특별한 준비 없이 일찍 일어나는 수고만 하면 된다. 사전에 '민주주의 현장답사'와 관련한 공부도 어느 정도 이루어졌다. 자료를 탐색하고 책을 읽거나 영상을 보고 미약하나마 조금의 지식을 가지고 출발한다. 휴대폰은 모든 학생들이 가지고 있어서 알아서 사진도 찍고 나름대로 열심히 설명을 듣는다. 그런 뒤 집에 도착하여 24시간이 지나기 전에 10줄 이상의 소감문을 꼭 써서 기록하도록 한다.

동행한 교사들도 해설사의 상세한 설명을 들으며 다시 보는 현장이라 감회가 남다르다. 나는 지도교사로서 교장, 교감 선생님의 걱정을 덜어 드리고자 버스가 출발하면 "잘 다녀오겠습니다"라고, 학교에 도착하여 학생들을 해산하고 나서는 "잘 다녀왔습니다"라고 간단히 문자로 인사를 드린다. 그러면 그분들도 "수고 많았습니다. 남은 휴일 푹 쉬세요"라고 인사말로 화답하신다.

1. 3·8 여성의 날 기념, 성 평등 캠페인 운동

좌충우돌 사회참여반에서 성 평등 사회를 지향하고 이루자는 문구를 만들어서 3·8 세계 여성의 날을 기념하여 일주간 진행하였다. 아이들이 만든 다양한 캠페인 문구를 보며 교사가 오히려 배워야 한다는 걸 알 수 있었다. 전지로 출력하여 스티로폼에 붙이고 그것을 들고 서서 외치며 3·8 세계 여성의 날을 알리고 성 평등 사회를 요구하는 목소리를 높였다. 아침 등교 시간에 30분 먼저 행동하였다. 물론 이를 위해 사전에 계기 교육으로 3차시에 걸친 성 평등 수업이 전개되었다.

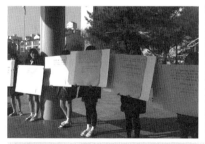

성 평등한 세상을 만들자는 희망을 담아 캠페인 활동을 하는 '좌충우돌' 사회참여 동아리반 학생들(2017. 3. 6-2017. 3. 10)

1. '3·8 세계 여성의 날'을 기념하며 우리는 성 평등 세상을 지향합니다.
2. 성 평등으로 가는 길이 민주주의의 완성입니다.
3. 나는 페미니스트입니다. 우리는 성 평등한 세상을 원합니다.
4. "우리에게 빵(임금)과 장미(인간답게 살 권리)를 달라"
5. 이 세상의 절반은 여성입니다. 여성이 행복한 사회가 평등한 사회입니다.
6. 평등한 임금제도, 같은 일, 같은 임금, 그것이 당연한 사회를 만들어 갑시다.
7. 결혼해라, 출산해라 하기 전에 차별 없는 직장과 임금을 보장하라.
8. 성 평등한 사회가 안전하고 민주적이며 평화로운 사회입니다.
9. 우리에겐 페미니스트 교육이 필요하다.
10. 모성이 존중받는 사회가 아름답습니다.

2. 416 추모수업과 단원고 기억교실 방문 교육

세월호가 3년 동안 바다에 가라앉아 있다가 마침내 인양되었다. 9명의 실종자 가족들과 유가족들, 그리고 생존자들, 나아가 모든 국민들은 가슴을 졸이며 세월호가 무사히 인양되어 실종자 모두가 가족의 품으로 돌아오기를 염원하였다. 이에 416 추모수업을 진행한 후, 안산교육지원청에 마련된 단원고 기억교실을 방문하였다. 우리는 희생자들을 추모하고 남은 자들의 사회적 치유와 회복을 위한 시민행동을 생각하고 적극 결합하기로 의견을 모았다. 세월호 희생자 기념관 건립을 위한 시민 서명운동에도 참여하고, 단원고 기억교실에 있는 한 사람 한 사람의 사연을 보면서 눈물을 흘렸다. 희생자 중에서 사촌 누나가 있

수업을 한 후 칠판에 게시하고 다른 친구들의 글과 그림을 보며 배움을 확장함

416 기억교실을 방문하여 희생자 언니, 오빠들의 사연을 읽고 있는 학생들

는 임○균 학생은 남다른 슬픔과 깊은 트라우마가 있었다. 이렇게 우리 안산 지역은 세월호가 가장 먼저 떠오르는 애달픈 도시가 되었다. 우리는 희생자와 생존자, 유가족들을 위한 사회적 치유를 통해 그들이 일상생활로 회복되기를 빌며 다음과 같이 행동하자고 의견을 모았다.

개인적 차원	학교나 사회적 차원	국가적 차원
• 기억, 공감, 연대를 위한 장소 방문, 리본 달기, 추모 편지 쓰기	• 학교: 현수막, 입간판, 추모의 벽 설치, 416 계기 수업 지원 • 사회: 공감과 연대 메시지, 사회적 추모 분위기 조성 • 시민의 안전할 권리 요구	• 국립트라우마센터 건립으로 지속적인 치유 • 기념관 건립과 안전 대책 • 사건에 대한 진실 규명, 책임자 처벌

3. 우리 동네 '청소년 열린 공간 99도씨'와 만남

우리 학교 이웃에 있는 '청소년 열린 공간 99도씨'라는 시민단체는 바로 우리 동네에 있는 공간이다. 모든 교육활동이 서로 연동되듯이

'청소년 열린 공간 99도씨'를 방문하여 만남을 갖게 된 것은 사회수행 과제로 진행한 '시민단체조사 및 인터뷰' 과제 덕분이었다. 그전에 학생들이 지역시민단체를 방문하여 인터뷰한 활동이 씨앗이 되었다. 학생들은 단순히 방문하는 데에 그치지 않고 이를 발표하였는데, 이 과정에서 시민단체의 적극적인 교육 결합이 가능한 곳을 알게 되었다.

뿐만 아니라 '청소년 열린 공간 99도씨'는 우리 학교 인근 지역에서 청소년 활동을 도모하는 만큼 학생들의 적극적인 결합이 가능하게 되었다. 자녀들이 초등학교 때부터 도서도우미 봉사활동을 하던 어머니들이 아이들이 중학교를 가게 되자, 청소년 공간을 마련하였다. 초등학생부터 고등학생까지 평등한 구성원으로 참가하여 자유롭게 독서, 봉사활동, 역사기행 등을 기획하여 실천하고 있었다. 이곳이 문을 연 지가 이미 몇 해를 지나 안정적으로 보였고 '온 마을이 아이를 키운다'는 말이 떠올랐다. 99도씨는 방과 후에 안정된 청소년 공간을 제공하여 지역 청소년들에게 쉼과 여유, 함께 하는 학습 기회를 가질 수 있게 했다. 청소년들은 그곳에서 모든 회원 간에 나이와 상관없이 민주적이고

'청소년 열린 공간 99도씨'에서 청소년 회원들이 협력하여 마을의 지도를 벽화처럼 그린 모습과 벽면 앞에서 좌충우돌 사회참여반 학생들이 포즈를 취한 모습

'청소년 열린 공간 99도씨'는 학교 근처에 있지만 이런 공간이 있는 줄 모르고 지내던 학생들이 즐겁게 컵라면을 먹는 모습

수평적 관계를 맺고 있었다. 또 스스로 학습 능력을 키우며, 공동체 의사결정에 참여하기, 자치적으로 만든 생활약속 지키기, 함께 하는 프로젝트 기획과 실행을 통해 민주시민성을 배우고 있었다.

4. 6월 항쟁 30주년 기념식 참가 및 민주둘레길 답사

6월 항쟁 30주년 기념식에 참가하기 위하여 사전 준비를 했다. 잊히진 과거가 아니라 2017년 오늘을 있게 한 역사의 발자취를 찾아서 나선 길이다. 주최 측인 민주화운동기념사업회에서는 우리 학교에서 참여하는 교사, 학생 32명의 좌석을 배치해 두었다. 특히 1987년 6월 항쟁과 2016년 촛불항쟁이 겹쳐져서 만감이 교차하는 자리였다. 문재인 대통령 내외분을 포함하여 텔레비전에서나 볼 수 있었던 정치권 인사들을 모두 가까운 거리에서 볼 수 있었고 심지어 기념촬영도 할 수 있었다.

뿐만 아니라 30년 전에 수많은 시민들이 군사독재 정권을 몰아내고 직접선거를 할 수 있는 민주헌법을 쟁취하기 위해 길거리로 나섰던 현장을 둘러봤다. 민주화운동 전문가의 안내와 해설을 들으며 찾아 나선 민주주의 현장 곳곳에는 그날의 함성이 들릴 수 있도록 다양한 전시와 펼침막이 마련되어 있었다.

6월 항쟁 30주년 기념식에 참가한 학생들의 후일담을 생생하게 전달하기 위하여 후기를 모았다. 같은 듯 조금씩 다른 아이들의 목소리가 들리는 듯하다. '백문이 불여일견'이라는 옛말이 정설임을 증명해 주는 학생들의 이야기다. 배우고 느끼고 실천해야 할 것을 그때그때 기록으로 남기는 일은 중요하다. 그중에서 인상적인 답사 후기이다.

"저는 30년 전 6월 항쟁 때, 시위 현장에 내 부모님이 계셨다는 말을 듣고 충격을 받았습니다. 부모님은 지금은 정치에 큰 관심이 없는 것처럼 보이지만 그때는 나라를 구하려고 행동하셨다는 것이 참 대단하다는 생각이 들었습니다. 또 독재정치를 시민들이 정말 싫어했고 충격적인 일도 많았다는 것을 알게 되었습니다. 지난 촛불집회에 부모님과 같이 수차례 참여했는데, 아마도 부모님은 집회 참가가 처음이 아니라서 그런지 무척 자연스러웠습니다. "우리가 어떻게 만들어 놓은 민주주의인데, 역사를 거꾸로 가게 할 수는 없다"라고 하시며 촛불집회에 가곤 했습니다. 인권, 사회정의, 공정, 복지가 한층 좋아지는 더 나은 민주주의 사회가 되도록 해야 할 임무를 띠게 된 것 같습니다. 6월 항쟁으로 뜨거웠던 민주둘레길 여기저기를 보면서 30년 전, 부모님이 외쳤던 민주주의를 생각합니다. 그리고 우리 시대에는 더 이상 가슴 아픈 잘못된 역사가 일어나지 않도록 더욱 노력해야 되겠다고 생각했습니다."

시곡중학교 학생 김○준(2017년 6월 10일)

6월 항쟁 기념식장에서 보여 준 민주주의에 대한 시민의 열망 '함께 살자, 대한민국'이라고 적혀 있는 내용이 들어왔다.

1987년 6월 항쟁과 2016년 촛불집회를 떠올리며 잠시 설명을 듣기 위해 자리에 앉아 있는 '좌충우돌' 사회참여반 학생들

5. 5월 광주민주화운동 유적지 답사

아침 7시 30분에 학교에서 버스를 타고 출발하여 11시가 넘어서야 광주시 5·18자유공원에 도착하였다. 가장 먼저 우리를 맞이한 사람들은 오월지기 활동가들로 연세가 지긋한 어르신들이었다. 오월항쟁 당시에는 아주머니들이 시민군을 응원하기 위하여 길가에 가마솥을 걸고 밥을 지어서 주먹밥을 만들어 주셨다고 한다. 오월지기 어르신들이 주먹밥을 만들어 나누어 주면서 광주를 방문한 우리들을 반겨 주셨다. 우리는 아무런 투쟁도 하지 않았지만 주먹밥을 얻어먹으면서 두 팀으로 나뉘어 설명을 들었다. 무엇보다도 5·18광주민주화운동 당시의 상황을 극으로 재연하였는데, 대한민국의 군대가 총칼을 들고 시민들을 무작위로 끌고 가서 고문하는 장면, 감옥 체험, 군사재판 시연이 이루어졌다.

삼복더위에도 불구하고 당시의 5·18 광주 상황을 시연하느라 두꺼운 군복을 입은 채로 땀을 흘리며 리얼하게 재연해 주신 선생님들이 계셨다. 당시 상무대 군 감옥과 군사 재판장, 시민들을 무작위로 끌고 와서 고문하던 장소를 실물 크기의 밀랍 인형으로 만들어 상황을 연출하고 있었다. 밀랍 인형이라 생각하고 방심한 순간 그 속에 있던 계엄군이 나타나 학생들을 향해 소리를 지르며 "야, 너 빨갱이지? 누가 시킨 거야? 너 같은 놈은 죽어야 돼!"라고 소리 지르며 당시의 폭력적인 상황을 재연했다. 학생들 세 명 정도에게 이렇게 다그치며 물었는데 모두 "네. 저는 빨갱이입니다. 살려 주세요"라고 하며 벌벌 떨었다. 한 사람도 저항하지 못했다. 학생들은 일부러 하는 연극임에도 불구하고 넋이 빠진 모습이 되어 허위 자백을 하고 말았다. 이로써 학생들은 당시 계엄군에 의한 공포가 얼마나 위압적이었는지를 느끼고 알게 되었다. 무더위에 감옥에 갇힌 사람이 너무 많아서 참혹한 모습과 옆자리에 있던 동료가 끌려 나가면 살았는지 죽었는지 알 수도 없는 공포가 엄습했다. 5·18자유공원의 상황 재연극은 교사가 열 번, 백 번 설명하는 것보다 더 실감나는 극적인 경험을 더해 주었다.

이어서 점심을 먹은 후에 오후 일정이 시작되었다. 도청광장과 금남로를 지나서 옛 가톨릭 회관에 위치한 5·18광주민주화운동 기록관에 갔다. 기록관은 2층 규모로 80년 5·18광주민주화운동 당시의 모습을 담은 사진, 신문보도 자료, 시, 일기, 시민들에게 상황을 알리는 유인물, 시민군 대변인실에서 발표한 자료, 시위자가 떨어뜨리고 간 운동화 한 짝 등의 유품이 전시되어 있는 공간이었다. 생생하게 현장을 담은 증거물로 증언하고 있었다. 5·18광주민주화운동 관련 기록물은 시민저항운동의 상징으로 인류가 보존해야 할 기록물로 인정되어 2011년에 유네스코 세계기록문화유산으로 등재되었다. 5·18광주민주화운동은 세계시민운동사에 빛나는 민주주의 운동으로서 광주는 인권·문화·평화를 상징하는 도시로 그 위상을 지니게 되었다. 5·18광주민주화운동의 증언으로 가득 찬 기록관은 우리나라를 비롯한 세계의 청소년들이 5·18광주민주화운동을 공부하고 그 정신을 계승하기를 염원하고 있었다.

마지막으로 국립 5·18민주묘지로 향했다. 오월지기 선생님들이 미리 국립 5·18민주묘지에 예약을 해 두어서 우리는 나란히 〈임을 위한 행진곡〉이 장엄하고 비장하게 울려 퍼지는 가운데 5월 민주영령들 앞에

5·18자유공원에서 시민들이 계엄군에게 끌려가는 모습을 재연하는 장면

5·18국립묘지에서 민주영령들께 묵념하기 위해 서 있는 학생들

나란히 서서 묵념을 올렸다. 이어서 학생들은 각자의 사연을 담은 비문을 읽으면서 광주에서 일어난 엄청난 학살의 현장을 떠올리며 눈시울을 붉혔다. 5·18광주항쟁 유적지를 다녀온 학생 후기를 보자.

"(전략) 그중 기억에 남는 것은 공수부대가 일반 시민들에게 무차별적으로 무력으로 탄압하고 공포와 죽음을 맞게 한 사실이다. 5·18자유공원은 밀랍 인형으로 당시 상황을 만들어 재연하는 공간이다. 당시 잡혀 온 시민들을 빨갱이라는 누명을 씌워 고문하고 군사재판으로 넘기고는 전두환 등이 정권을 잡았다는 사실을 알게 되었다. 만약 내가 거기에 있었다면 무서워서 포기했을 터인데 애국심이 뛰어난 사람들은 비굴하지 않고 당당히 맞섰다고 생각하니 정말 존경스럽다. 그리고 오늘 감옥 체험을 했는데 군복 입은 사람이 큰소리로 다그치자 애들이 공포에 절어서 스스로를 빨갱이라고 인정했다. 너무 놀랐다. 내가 만약 그 질문을 받았다면 처음에는 아니라고 할 것이다. 왜냐하면 나는 빨갱이가 아닌데 인정하는 것은 정말 아니기 때문이다. 하지만 물고문, 전기고문, 수없는 구타로 괴롭힘을 당한다면 인정할 수밖에 없을 것이다. 왜냐하면 죽을 수도 있기 때문이다. 내가 죽을 때까지 아니라고 버티

기는 어려울 것이다. 내가 인정하고 살고 싶기 때문이다. 나는 순간 그런 생각을 하면서 부끄러웠다. 5·18 당시의 광주 시민들이 너무나 힘들었다는 걸 알게 되었다. 불쌍하다. 그리고 끝내 목숨을 잃은 영령들이 묻힌 5·18국립묘지에 가서 묵념을 하고 둘러보는데 너무 슬펐다. 나는 우리나라의 민주주의를 위해 돌아가신 5·18 희생자들을 기억하고 감사하는 마음을 항상 가질 것이다."

시곡중학교 학생 김○섭(2017년 7월 8일)

광주는 나에게 민주주의 바로 그것이다. 나는 1985년 3월에 대학에 입학한 새내기였다. 5월이 다가오자 대학 벽면에는 온통 광주민주화운동을 알리는 대자보와 사진으로 가득하였다. 본관 앞 일청담 앞에서는 민속문제연구회(일명 탈춤반)가 희생된 민주영령들의 넋을 달래는 진혼굿을 하고, 김남주 시인의 〈학살〉이라는 시가 교정에 피를 뿜듯 흘렀다.

나와 내 친구 상희는 광주로 갔다. 무작정 고속버스를 타고 전남대학교를 찾아갔다. 전남대학교 총학생회는 때마침 5·18전야제를 진행하고 있었다. 집회 및 시위 현장에서의 구호와 행동양식이 가히 충격적이었다. 다음 날 찾아간 망월동 묘지는 군인과 경찰이 겹겹이 막고 불심검문을 하여 하루 종일 걸린 것으로 기억난다. 당시에는 버스도 없는 외진 곳에 있는 시립공원묘지였다. 막상 도착을 하니 수많은 묘지들 속에 어디가 어디인지도 모르고 비석도 없는 경우가 많았다. 나는 그 쓸쓸한 망월동 묘지를 잊을 수가 없었다. 해마다 오월은 다시 오고, 광주는 부활하고 있었으나 마음의 빚은 여전하였다. 이제 학생들과 같이 광주를 찾아와, 역사의 진실과 그 현장을 다시 보니 조금이나마 위안이 되는 것 같다. 위대한 광주는 스스로 인권과 평화와 문화의 새 역사를 쓰는 민주주의 도시로 재탄생하고 있었다.

6. 수유리 4·19국립묘지 참배

8월의 삼복더위에도 불구하고 30명의 자랑스러운 '좌충우돌' 사회참여반 학생들은 약속을 지켰다. 어김없이 세 번째 민주주의 현장답사를 위해서 이른 아침에 모였다. 일정은 이왕에 나선 걸음이라 빡빡하게 진행하였다. 더할 수 없이 무더운 날이었으나 우리 학생들은 불평 한마디 없이 민주주의 현장답사를 하는 의연한 모습을 보여서 정말 자랑스러웠다.

"먼저 4·19국립묘지에 갔다. 4·19혁명은 대한민국에서 이승만 정권이 이기붕을 부통령으로 당선시키기 위해 부정선거를 하자, 이에 반발하여 부정선거 무효와 재선거를 주장하는 학생들의 시위에서 비롯된 혁명이다. 4·19혁명이 일어나게 된 결정적 계기는 당시 마산상고 1학년에 재학 중이던 17세 김주열 학생의 죽음 때문이었다. 김주열 열사는 이승만 독재정권이 저지른 3.15 부정선거에 항의하기 위하여 시위하러 나섰다가 행방불명이 되었다. 그러자 김주열 열사의 어머니께서는 아들을 찾아 마산 구석구석을 돌아다녔고, 마산 시민들은 그를 모르는 사람이 없었다고 한다. 그로부터 27일 후에 마산 앞바다에서 눈에 최루탄이 박힌 김주열 열사의 시신이 발견되었다. 경

김주열 열사의 묘에서 참배하고 있는 학생들

4·19국립묘지에서 민주영령들께 묵념하는 학생들의 모습

찰들이 김주열 열사의 시신을 돌에 묶어 바다에 던져 가라앉게 한 후 이 사실을 은폐하려 했던 것이다. 그래서 이날 4월 11일 마산민주항쟁이 전국적으로 퍼지면서 4·19혁명의 불꽃이 타오른 것이다. 국립묘지에 가서 김주열 열사의 묘를 찾아 추모도 하고 4·19혁명에 대해 자세히 알아보니, 내가 5·18 광주민주화운동과 헷갈려 했던 것도 정리가 되는 느낌이 들었다. 4·19혁명이 우리나라를 민주주의로 만드는 데 첫발을 내디딘 혁명적인 일이라 생각하고 민주주의를 쟁취하기 위해 싸우다 돌아가신 분들께 감사드린다."

시곡중학교 학생 한○영(2017년 8월 2일)

7. 수요집회 참가

이어서 종로에서 열리는 수요집회(1992년 수요집회 이후 2017년 8월 2일, 1294차 집회까지 단일 이슈로 세계 최장 집회)에 참가하였다. 우리는 미리 만들어 간 피켓과 응원 메시지를 들고 한낮의 땡볕 아래에서 한 시간을 늠름하게 견디었다. 이제는 우리 모두의 할머니이신 일본군 위안부 피해자 할머니들의 인권과 명예 회복을 위하여 일본 정부의 진정한 사과와, 2015년 12월 28일 졸속으로 진행한 박근혜 정부와의 협상을 무효화하고 재협상할 것을 요구하였다. 고령의 할머니들이 연이어 돌아가시는 바람에 이제 서른한 분(2018년 1월 15일 기준)의 할머니들만 생존하고 계신다. 우리가 참여한 1294회 수요집회에는 평화나비네트워크에서 활발하게 활동하고 있었고, 이 문제에 많은 시민들의 지지와 참여가 있다는 것을 알게 되었다. 2013년, 2014년에도 여름방학 때 학생, 동료들과 같이 수요집회에 왔는데 그때보다 참여자가 서너 배는 많았다.

수요집회에 다녀온 김○수의 소감을 보자.

"민주주의 현장답사의 과정으로 친구들과 같이 수요집회에 참여했습니다. 너무도 더운 낮 12시부터 13시까지 그늘 하나 없는 곳에서 우리는 불평 없이 참여했습니다. 그런데 많은 사람들이 열정적으로 참여하여 피해자 할머니들께 조금이나마 보탬이 되고자 하는 자리였습니다. 우리는 미리 준비해 간 응

수요집회에 참가하기 위해 미리 교실에서 응원 메시지를 만들어 펼쳐 보이는 학생들 모습

할머니들을 응원하기 위해 미리 준비해 간 메시지를 펼치며 수요집회에 참여하고 있는 좌충우돌 사회참여반 학생들

원의 메시지를 담은 피켓을 들고 흔들며 동참했습니다. 이런 집회에 참여한 경험은 처음인데 더위를 잊을 만큼 집중한 것 같습니다."

시곡중학교 학생 김○수(2017년 8월 2일)

8. 청계천의 아름다운 청년, 전태일 열사를 찾아서

우리는 청계천 평화시장 피복노조에서 일하다 1970년대 노동현장의 반인권적 현실을 알리기 위해 온몸을 불사른 전태일 열사의 반신상이 있는 광장으로 갔다. 우리는 미리 『전태일 평전』을 읽고 공부를 해 오기도 했다. 그곳에서 수많은 시민들이 전태일 동상을 세우기 위해 기금을 모아서 만든 동판을 보면서 전태일 열사가 우리 사회에 미친 노동인권을 배우는 시간이 되었다. 지금은 상상할 수도 없는 열악한 노동환경이었다는 것을, 저렇게 유유히 흐르는 청계천과 우리나라 패션의 메카가 된 동대문 시장은 알고 있을까? 가난한 부모 밑에서 열여섯, 열일곱 살의 수많은 소녀들이 고향을 떠나 돈 벌러 왔던 서울살이가 시작되던 곳이었다. 문득 소녀들이 봉제공장에서 하루 15시간 이상의 장시간 노동으로 쥐꼬리만 한 월급을 받으며 고달픈 생활을 했던 70년대의 모습이 떠올랐다. 다음은 이곳을 다녀온 백○우 학생의 답사 후기이다.

"평소에 동대문 쪽을 많이 갔는데 이 동대문 쪽에 이런 뜻 깊은 곳이 있다는 것은 꿈에도 몰랐다. 청계천 평화시장에는 전태일 기념 동상이 있었고, 이

청계천 전태일 열사와 함께

전태일 열사를 기리는 다리 표지석

와 관련된 이야기를 들어 보니 너무도 안타까운 일이었다. 선생님이 미리 『전태일 평전』을 읽고 오라고 말씀했는데 게으른 나는 다녀와서 도서관에 갔다. 전태일 이야기를 읽어 보니 더 자세히 알 수 있었고 당시의 상황이 얼마나 힘든 노동환경이었는지, 우리는 상상하기 어려운 삶을 살았다는 것을 알게 되었다. 자신의 온몸을 불살라 열악한 노동현실을 고발하고 떠난 전태일 열사는 우리나라 노동운동의 횃불이 되었다. '나의 죽음을 헛되이 하지 말라'는 유언을 받은 이소선 어머님은 평생 노동자의 어머니로 사셨다. 정말 위대한 분들이라고 생각한다."

시곡중학교 학생 백○우(2017년 8월 2일)

9. 박종철 열사, 고문치사 죽음의 현장을 가다

6월 항쟁의 기폭제가 된 남영동 대공분실을 찾았다. 이미 6월 민주화운동 기념식에 참여했기 때문에 박종철 열사는 낯선 분이 아니었다. 그러나 남영동 대공분실은 그가 어떤 환경에서 고문을 받고 죽었는지를 알 수 있는 현장이다. 건물 자체가 독재정권이 고문조사실로 만들었다는 것을 알 수 있었다. 밖에서는 무슨 건물인지 알 수 없고, 안에서는 창문을 열고 뛰어내릴 수도 없는 좁은 창문을 가지고 있다. 엘리베이터는 1층에서 5층 조사실로 바로 직행이다. 뒤에는 좁고 긴 나선형 철계단으로 이어져 있다. 가까이에서 기차가 지나가는 소리가 들린다. 잡혀 온 사람들은 한밤중에 눈을 가린 채, 대여섯 명의 장정들이 끌고 오기 때문에 어디가 어딘지도 모른다. 본인이 무엇 때문에 잡혀 오는지 알려 주지도 않고 무조건 연행이다. 대한민국 헌법 제12조 '신체의 자유'는 헌법 조문에 불과하다. 30년 전 1987년은 지금과는 사뭇 달랐다. 이곳을 다녀온 백○헌 학생이 밝힌 후기를 보자.

"그곳은 당시 고문을 하던 곳이었고, 고문을 견디지 못한 사람이 자살하지 못하도록 창문은 작고 두꺼웠다. 그리고 기념관 안에 들어가 보니 당시 박종철 열사를 고문하던 509호 방이 있었는데, 그곳에는 물고문을 하는 욕조가 있었다. 그것을 보고 심각성을 깨달았다. 이렇게 많은 사람의 희생이 헛되지 않도록 민주주의를 지켜 내고 더욱 발전시켜 나가야겠다고 다짐하였다."

시곡중학교 1학년 백○헌(2017년 8월 2일)

6월 항쟁 당시 '종철이를 살려내라'고 절규하며 행진하는 시민의 모습

박종철 기념관에서 진지하게 해설사의 설명을 듣고 있는 학생들

10. 분단과 통일의 역사현장, 임진강과 민통선

파주 도라산 전망대에서 임진강과 북녘 하늘을 보았다. 우리는 파주 임진강 일대와 민간인 통제선 안에 있는 통일촌 마을을 둘러볼 기회를 가졌다. 임진각까지는 자유롭게 출입이 가능하나, 민간인 통제구역으로 들어서는 곳에서부터는 보초를 서는 군인들이 버스에 올라와서 신분증 검사를 자세히 하고 아주 엄격한 절차를 거쳐야만 했다. 분단이 되어 70여 년 흐르는 세월 동안 이 지역은 오갈 수 없는 땅이 되다 보니 소중한 문화유산도 땅 속에 깊이 잠들고 있었다. 그중 하나가 허준 선생 묘라고 한다. 허준 선생 묘는 도굴꾼에 의해 발견되었다고 이재석(『임진강 기행』 작가) 선생님이 설명해 주셨다. 동파리는 2001년부터 원래 이곳에 살던 주민 60가구가 이주해 와서 살고 있다고 한다. 그곳에서 태어난 1호 아이가 지금 초등학교 1학년이 된 임진나루라는 이름을 가진 딸이라고 한다. 그다음 덕진산성에 가서 고구려의 성터를 둘러봤는데, 덕진산성은 지형상 남쪽에서 해가 떠서 북쪽으로 진다는 이야기를 들었다. 이곳은 임진강이 흐르는 모습을 가장 잘 볼 수 있는 곳이기도 하다.

이어서 도라산 전망대에서는 비무장지대와 개성공단을 바로 가까이에서 볼 수 있어서 실감이 났다. 그 일대는 드넓은 들과 임진강, 임진강으로 흘러드는 샛강들, 비무장지대 안의 수풀이 우거져 평화롭기 그지없는 느낌을 주는 초원이었다. 또 북한의 최남단 마을인 기정리에서는 인공기가 펄럭이고 그 아래 남한의 최북단 마을인 대성리에서는 태극기가 휘날리고 있었다.

이어서 도라산역과 도라산 평화공원에 갔는데 철길을 연결했으나 남북은 여전히 냉전 중이라서 기차는 달리지 않았다. 아직 오가지 못하는 도라산역을 보며 북한과 남한이 서로 자유롭게 오가며 여행도 하고 물자도 철길과 도로를 따라 오갈 날을 기대해 보았다. '도라산역을 지나 판문역, 개성역, 평양역 그리고 시베리아 횡단열차로 이어져 유럽까지 갈 수 있다면' 하는 상상만으로도 행복한 여행자가 될 것 같았다. 한편 군사분계선에는 200미터 간격으로 표지판 외에는 아무런 철조망이 없기 때문에 생긴 에피소드를 들을 수 있었다. 민통선 안의 대성리 마을에는 실향민들이 1973년부터 농사를 지으며 살고 있다. 2006년 대성리에 살던 할머니 한 분이 경계선이 없는 산에 올라가서 도토리를 줍다가 실수로 그만 북한 땅으로 넘어갔다가 인민군에게 발견이 되었다고 한다. 북한에서는 남한에서 이렇게 자연스럽게 넘어온 할머니를 2박 3일 동안 개성을 구경시켜 드리고는 무사히 남한으로 돌려보냈다. 남북관계가 경직되지 않을 때의 일이다.

한편 2002년, 김대중 정부 시절 남북관계가 좋았을 때에는 서울역에서 출발한 기차가 도라산역을 통과하여 판문, 개성, 평양을 시운전하

임진각역에는 서울과 개성까지의 거리가 표기되어 있다.

민통선 안의 고구려 유적지 덕진산성에서 바라본 임진강

고 오가기도 했다고 한다. 동행한 선생님의 언니가 이 열차를 타고 평양까지 가 본 시민 중의 한 명이었다고 하니 남의 이야기가 아니다. 개성공단에서 생산한 물품을 싣고 열차와 트럭이 남북을 오갔지만, 2015년 박근혜 정권에 의해 개성공단이 폐쇄되고 나서는 황량한 바람이 불고 있었다. 그곳에서 일하던 5만이 넘는 북한의 노동자는 어떻게 살고 있을까? 또 정부 정책을 믿고 개성공단에서 생산 공장을 돌리던 수많은 중소기업은 하루아침에 부도 위기를 맞았다. 언제 다시 개성공단이 힘차게 돌아갈 수 있을까 하는 생각에 가슴이 먹먹했다.

'통일은 대박'이라는 말로만 하는 통일이야 누가 못하랴. 실제로 변화가 있어야 한다. 남북의 사람과 물자가 자유롭게 오가고 풍요로워져야 경제적 통합, 문화와 의식의 통합, 상호 존중의 통합과정을 거쳐서 정치적 통합도 가능할 것이다. 통일은 멀고 분단은 너무나 현실적인 곳이 바로 이곳이다. 파주 임진강 일대와 비무장지대를 바라보는 이곳 임진각, 도라산역, 도라산 전망대, DMZ 공동경비구역, 통일촌 마을, 동파리 해마루촌 마을, 대성리 마을 등의 민간인 통제 구역 안의 이 지역은 분단 현실을 가장 잘 알 수 있는 땅인 것 같다. 임진강은 전쟁의 상흔을 안은 채 말없이 흐르고, 여기저기 샛강들이 흘러와 합류하고 있다. 우리도 이와 같이 어우러질 수는 없을까? 북녘 하늘을 바라보며 한반도의 평화와 통일을 염원하는 시간을 가졌다.

4장
갑론을박-왁자지껄 토론교실

교과와 상관없이 어떤 교사든지 민주주의에 대한 관심 영역을 확장하여 수업을 진행할 수 있다면 그는 민주시민교육의 전문가로 우뚝 서게 될 것이다. 민주시민교육은 고정되어 있지 않다. 사회가 역동적으로 움직이듯이 민주시민교육도 그 구성과 내용이 시대를 반영하여 업그레이드되어야 한다. 사회적 논쟁 문제는 교실에서도 논쟁해야 한다는 것이 바로 독일의 '보이텔스바흐 협약'의 원칙이다. 이러한 논쟁 수업은 정답이 없다. 세상에서 어떤 일이 일어나고 있는지 알아보고 거기에 대한 정보를 수집하고 생각을 나누어 보는 시간이다. 왜? 세상의 모든 일은 내 삶과 연관되기 때문이다. 옳고 그름으로 나누는 것이 아니다. 다양한 입장이나 이야기를 들여다보는 일이다.

1. 사회적 논쟁을 교실에서도 논쟁하게 하라

매월 마지막 주 사회 2시간 블록타임에 이루어지는 "주제가 있는 토론교실"이 알려져서 보도가 되었다. 학생들이 관심을 가지고 열심히 하는 부분이라서 앞으로도 토론교실이 잘되리라는 생각을 했고, 2017년 한 해 동안의 교육활동 중에서 단연 백미를 장식할 만한 일은 모든 아이들에게 직접 참여와 학습의 기회를 보장한 '토론교실'이다. 토론수업의 효과는 인생을 사는 동안 지속적으로 나타날 것이라고 생각한다. 토론수업을 위한 주제와 관련한 정보와 지식의 탐색, 이를 구조화하여 재구성하기, 예상되는 질문과 답변 준비, 다른 주장에 대한 반박 자료, 자기주장의 근거 세우기, 다른 사람들의 의견 수용, 자기 생각의 수정 과정을 거치게 된다. 또 일회성이 아니라 일곱 차례 진행이 되어 누구나 한 번은 주제에 대하여 발제를 준비하고 발표를 해야 했다.

2. 주제가 있는 토론교실 일정·쟁점·영역

[표 24] 토론교실 주제와 논쟁점

일정	주제	사회적 논쟁(쟁점)	발제 영역
4월	국민주권과 대표	누가 대통령이 되어야 할까?	• 우리가 원하는 대통령의 기준은 무엇인가? • 선거와 민주주의는 어떻게 발전하는가? • 촛불광장과 대통령 선출은 무엇을 의미하나? • 정당 정책 비교와 검증을 위한 언론의 역할
5월	청소년과 선거권	청소년은 왜 대통령 선거에 참여하지 못하는가?	• 청소년의 선거권 하향을 둘러싼 찬성과 반대의 쟁점은 무엇인가? • 세계 여러 나라의 선거권 연령은 어떠한가? • 청소년이 뽑는 19대 대통령 모바일 투표와 결과의 의미 • 청소년의 선거권, 피선거권, 정당 가입 등 정치적 권리를 확대하려는 근거는 무엇인가?

6월	하나뿐인 지구	지속 가능한 환경과 생태는 가능한가?	• 지구 온난화의 이유와 양상 • 육식과 환경의 파괴는 어떤 관련이 있을까? • 안산 시화호 살리기 운동 과정과 이후 변화 • 지속가능한 지구환경을 위한 실천 방안
7월	탈핵과 국민안전	신고리 원전 5, 6호기 건설 중단을 둘러싼 논쟁	• 우리나라 원자력 발전의 현황과 세계적인 추이 • 신고리 원전 5, 6호기를 둘러싼 주요 쟁점 • 원자력 발전소와 국민안전의 관련성 • 탈핵선언의 의미는 무엇일까?
9월	다문화 사회와 민주주의	다문화 사회를 보는 불편한 시선	• 다문화의 기준과 우리나라의 현황 • 안산이 다문화 도시로 성장한 배경과 특징 • 다문화를 둘러싼 두 개의 시선 • 세계화와 다양성 보존의 관련성
10월	학생인권과 학교민주주의	인권과 민주사회	• 교사의 교수권과 다른 학생들의 수업권을 방해하는 학생의 학습권은 보호받아야 할까? • 학교에서 자기 결정권이 침해받는 사례 • 학생인권과 보편적 시민권의 차이 • 우리 학급 또는 우리 학교의 민주주의 향상을 위한 실천 방안

3. 토론교실 보도자료

우리 학교에서 진행하는 토론교실이 2017년 7월 13일 경기도교육청 민주시민교육과 보도자료와 뉴시스 인터넷 뉴스를 통해 소개되었다. 다음은 시곡중 토론교실에 대한 기사를 요약한 것이다.

• 안산 시곡중에서는 토론과 합의의 과정에서 문제를 해결하고, '교실 안 지식'과 '교실 밖 경험'을 따뜻한 감성과 냉철한 이성으로 통합할 수 있는 시민 역량 강화를 위해 토론교실을 추진하고 있다. 시곡중학교에서

운영하는 토론교실은 학교마다 다양한 사회적 문제나 의제를 토론 주제로 정하고, 사회교과 시간을 이용하여 월 1회 2시간 블록타임 시간을 활용하고 있다. 이를 위해 사전에 교과융합이나 주제통합수업을 진행하고, 수행평가와도 연계하여 운영하고 있다. 활동 과정에서 관련 도서 읽기, 사회적 쟁점에 따른 여러 가지 입장 정리하기, 발제하는 경우 관련 자료를 제시하거나 주장의 근거를 제시하는 등 깊이 있는 토론을 위한 절차를 거친다.

• 토론수업에 참여한 시곡중 1학년 윤0윤 학생은 "청소년이 투표권을 가지는 것에 대해 다른 친구들이 어떻게 생각하는지 알게 됐고, 만 18세에 투표권을 가지는 것이 좋다는 생각을 했다"면서, "많은 사람들이 투표에 관심을 갖고 정치참여가 잘될수록 발전하는 대한민국, 행복한 대한민국이 될 것이라고 생각한다"라고 말했다.

• 또 장○혁 학생은 "만약 이런 토론수업을 하지 않았다면 나는 원전과 탈핵이 국민안전과 연관되어 있다는 것을 모르고 살았을 것"이라며, "토론에 참여하기 위해 스스로 공부하고 준비하는 것이 나를 폭풍 성장하게 하는 것 같다"라고 말했다.

이와 같이 시곡중학교에서 토론수업을 진행하는 염경미 교사는 "토론을 통해 학생들이 창의적 지식의 재구성, 경청과 공감능력의 신장, 민주적 합의와 주제 발제자로서 토론의 책임 있는 자세를 기를 수 있다"며, "누구나 자기 생각을 말할 수 있고 존중받을 수 있는 토론수업

사회 시간에 주제가 있는 토론수업을 진행하고 있는 시곡중학교 1학년 학생들의 모습

의 경험은 장차 민주시민으로서의 기본적 자질과 태도의 밑거름이 될 것이다"라고 평가했다.

돌아보면 토론교실 운영은 많은 결실과 함께 아쉬움도 컸다. 중학교 1학년 학생을 대상으로 하다 보니 교육과정 재구성으로 미리 수업을 진행한 내용이라지만 학생들은 힘들어했다. 물론 토론에 매우 적극적이고 준비를 열심히 하는 학생들도 있었지만 그렇지 않고 참여하지 못하는 학생들에게는 힘든 시간이 되었다.

그래서 변형적으로 운영해 본 것이 11월에 진행한 휴대폰으로 뉴스 찾기를 통해서 소비자의 뉴스 소비가 뉴스 생산을 결정하는 데에 큰 힘을 발휘한다는 것에 도달했다. 학생들은 휴대폰으로 마음이 가는 뉴스를 찾아 소개했다. 그런 뒤에 뉴스를 몇 가지로 묶어서 분류하였다. 연예·스포츠·오락/폭력적·자극적/정치·사회·경제적 뉴스로 구분하였다. 70~80%의 대부분의 학생들은 연예·스포츠·오락뉴스를 선택했다. 스스로가 선택한 뉴스 소비 성향을 보면서 우리들의 삶에 영향을 주는 뉴스는 무엇일까를 다시 생각해 보았다. 그다음에 뉴스 소비 성향이 뉴스 생산에 미치는 영향, 같은 사실을 매체마다 다르게 보도하는 이유, 많은 뉴스 중에서 기사가 되는 것은 누가 선택하며 어떤 기준일까? 내가 뉴스 생산자라면 어떤 사실을 보도하고 싶은지, 1인 방송이 가지는 의미 등에 대하여 갑론을박하자 그동안의 토론수업에서 얻은 지식이 재구성되어 훨씬 더 힘차게 토론수업이 진행되었다. 일상에서 소재를 가져와서 토론하는 것은 학생들이 쉽게 접근할 수 있는 방법일뿐더러 교사의 품이 덜 들기도 했다.

5장
길을 묻는 그대에게

1. 배분의 정치

그동안 우리 사회는 피자를 더 살 수 있는 돈을 버는 데에 치중하였다. 그동안 우리가 열심히 일했으니 피자를 얼마나 더 살 수 있는지, 나에게는 어느 정도 돌아와야 하는지 묻지 않았다. 정치를 하는 전문가들이 어련히 알아서 나누어 주는 줄 알고 기다렸다. 그러나 아무리 기다려도 피자는 나에게 돌아오지 않는 사회가 되어 버렸다. 중간에 힘 센 사람이 새치기를 하고 그걸 먹었던 사람은 계속 더 많이 먹고, 권력이 있거나 법망을 아는 사람은 그걸 이용해서 피자를 다 가져갔다. 피자 맛을 본 사람은 다시 그것을 먹기 위해 안간힘을 썼다. 그것은 황홀하기 때문이다. 자본의 맛, 돈의 맛이다.

우리네 삶의 경험으로 가까이에서 찾아봐도 충분하다. 가난을 벗어날 수 있는 유일한 출구는 공부를 열심히 하여 대학을 가고 좋은 직장을 잡는 길이었다. 그러나 부모의 경제력이 뒷받침되지 않으면 대학에 접근하기 어려웠다. 정보도 없었고 가난한 집에서 대학이라는 단어가

회자되지도 않았다. 그래서 대개는 중학교 또는 고등학교를 마치면 제 밥벌이를 하러 떠났다. 이렇게 빈곤은 대물림되었다.

한편 공부를 잘하고 SKY대를 나오면 좋은 직장과 출세할 수 있는 길이 보장되었다. 그들은 정치, 경제, 교육, 문화, 제도를 만들어 재생산 구조를 견고히 쌓았다. 심지어 일반 시민들조차도 그들을 따라 하기 위하여 사교육에 의지하여 출구를 찾아 나섰다. 소위 능력이 있는 사람에게는 높은 경제적 보상과 권력이 주어지는 것을 당연하게 여기는 사회가 되었다. 이것이 바로 능력지상주의 사회를 말하는 메리토크라시[8] 현상이다. 이는 불평등을 당연하게 받아들이는 사회문화를 만들었다. 평등을 지향할수록 민주주의 사회이다. 그런데 우리의 의식과 문화가 불평등한 대우를 당연하게 수용하고 평등 사회를 외치면 '종북이다, 좌파다'라고 올가미를 씌웠다.

우리나라는 세계에서 찾아보기 힘들 정도로 빠른 경제성장을 이루었다. 그다음은 정치적 민주주의이다. 이승만 정권의 부정부패에 항거하여 마침내 그 정권을 무너뜨린 4·19혁명, 유신독재에 온몸으로 저항한 부마항쟁, 군사독재의 재집권을 막으려 일어난 5·18광주민주화운동과 희생, 이어서 1987년 6월 항쟁으로 국민이 직접 대통령을 뽑는 주인이 되었다. 뿐만 아니라 절차적, 형식적 민주주의를 만들었다. 그러나 능력주의와 성과주의에 익숙한 시민들은 더 많은 부를 원했다. 우리나라 경제 규모가 세계 10위권 안에 들 정도로 커졌고 지구촌 어디를 가더라도 한국인 관광객이 있을 정도로 여유를 가졌다. 그런 이

---

8. 장은주(2017), 『시민교육이 희망이다』, 피어나.

면에는 여전히 빈부격차로 인해서 인간다운 삶을 살 수 없는 사람들이 있다. 학교에는 점심을 굶어야 하는 학생이 있었다. 이 문제를 해결한 것이 바로 무상급식이다. 정치권에서는 무상급식을 둘러싸고 보편적 복지냐, 선별적 복지냐를 두고 논쟁하였다. 그러나 시민들은 보편적 복지를 선택했다. 가난을 증명하지 않아도 누구나 평등한 밥상을 받을 수 있게 되었다. 평등한 밥상이 모든 아이들에게 배분되었다. 무상급식은 보편적 복지 확대의 시작을 알리는 신호탄이 되었다.

세상은 홀로 살아가지 못한다. 더구나 현대사회는 지구촌이라는 말이 무색할 정도로 모든 관계가 촘촘하게 연결되어 있다. 그러므로 세상에서 일어나는 일에 대한 사회적 관심과 비판적 사고를 통해 공감대를 키우고 문제 해결 방법을 찾아나서야 할 때이다. 내가 못나거나 무능력해서 이렇게 살아도 되는 사람은 없다. 개인의 문제가 아니다. 모든 게 연결되어 있기 때문이다. 2013년에 스위스에서 일어난 1:12 운동은 얼마나 충격적인가? 최고 경영자라 할지라도 그 사업장에서 일하는 노동자 중에서 제일 적게 받는 사람을 기준으로 경영에 대한 대가로 12배 이상 가져가지 말라는 것을 법으로 만들려는 시도가 있었다. 경영자가 더 많이 가져가고 싶다면 네 사업장에서 일하는 노동자의 임금을 인상하면 된다고 말이다. 정말 신선하고도 놀랍지 아니한가? 물론 법안 통과에는 실패했지만 그 목소리는 세상 속으로 이미 울려 퍼졌다.

또 한 차례 반격이 있었다. 2016년 스위스에서 시도된 "모든 국민에게 기본소득 300만 원 보장"이라는 법안도 국민투표에 붙여졌는데 결과는 부결되고 말았다. 그러나 이 법안을 발의한 의도는 바로 모든 국민에게 기본생활을 보장함으로써 시민들이 진정으로 자신이 하고 싶은 일을 할 수 있는 사회건설이다. 이는 창의적 노동을 통한 성과의 극대화를 믿는 일이다. 기본생활을 보장해 준다고 해서 직장을 그만두고 기본소득에만 의지해 살겠다는 시민은 거의 없는 것으로 나타났다. 이러한 논의가 공론화되고 법안으로 국민투표에 부쳐지기까지 한 사실은 청년수당을 둘러싸고 갑론을박을 하는 우리 사회를 돌아보게 한다. 아무 대책 없이 실업자가 된 청년을 위한 정책도 내놓지 않으면서 청년수당을 두고 포퓰리즘에 영합한다고 공격만 하면 되는지 되묻지 않을 수 없다. 승자독식의 먹이사슬이 아닌, 함께 사는 세상을 만들기 위해 민주시민교육은 간절하다.

2. 교사도 학교가 두렵다

나는 2016년 중등 복직자 예정 교사 직무연수에서 "배움중심수업과 사회과 수업의 실제 사례"라는 주제로 강의를 하였다. 6시간 종일 연수였다. 1교시에는 간단히 배움중심수업의 개념이나 흐름을 이야기하고, 2~3교시는 직접 진행한 수업 모형을 가지고 진행하였다. 오후 3시간은 연수를 받는 선생님들에게 중학교 『더불어 사는 민주시민』 책을 모두 나누어 드리고 책을 만들게 된 배경, 3월에 복직하게 될 선생님들이 이 책을 가지고 어떻게 활용할 것인지, 왜 지금 우리는 민주시민교육을 해야 하는지, 교사가 가져야 할 삶의 모습은 어떠해야 하는지를 생각하고 서로 토론하는 시간을 가졌다. 매우 뜻 깊은 자리였다. 나와 만난 선생님들은 26명으로 모두 사회과 교사들이었고, 주로 육아휴직을 하여 3년 이상 휴직했거나 길게는 5년 또는 6년을 학교현장을 떠나 있던 분들이었다. 그중 몇 분은 동반휴직으로 외국에서 살다가 오신 분들도 있었다.

"그사이에 얼마나 변화가 심했을까? 과연 나는 적응할 수 있을까?" 하는 두려움과 낯섦에 직면하는 긴장의 나날이라고 한다. 충분히 이해와 공감이 갔다. 날마다 학교를 가는 교사도 날마다 낯설고 새로운 학교를 만나고 있는데, 하물며 최소 2년 이상 학교를 떠나 있던 분들의 걱정이 오죽할까 싶었다.

교사에게 학교는 생업의 터전이자 자존감을 실현하는 장이기도 하다. 그런 학교에서 매 시간마다 학생, 학부모, 동료와의 좋은 관계 맺기도 쉬운 일이 아니다. 교직사회에 성과급제가 들어온 지도 17년이 되었다. 이어서 교원평가가 들어와 서늘하게 만든 것도 10여 년이 지났다. 교사들이 평소에는 그것까지 염두에 두고 학교를 다니는 것은 아니지만 결과가 나오는 시기에는 참으로 어색하다. 모두가 맡은 업무와 교육활동을 했으나 교원평가 결과는 다르고 성과급도 해마다 차이가 커진다. 거기다 학교는 날마다 더 정신없이 바쁘고 하라는 것은 태산이다. 이러한 대세를 주도하기는커녕 그 내용조차 따라잡기가 어렵다면 교사도 학교가 무섭고 두렵기는 마찬가지다.

한편 수업을 잘하는 교사가 되고 싶은 것은 모든 교사의 기본 욕구이다. 어떻게 하면 더 즐겁고 더 신나게 아이들과 호흡할 수 있을까를 고민하지 않는 교사는 없을 것이다. 이 기본 욕구를 충족시킬 수 있는 길은 민주시민교육이다. 민주시민교육을 언급하려면 학생인권, 학생자치가 보장되는 학교문화를 만드는 것이 전제 조건이다. 거기에다 민주적 교수-학습방법, 민주적인 학습 분위기 조성, 자발적 학습 참여를 위한 독려, 교과 간 융합교육이 가능하도록 서로 협력하고 연대하는 교사문화를 구축하여 학교민주주의에 기여하는 일이 선행되어야 할 것이다. 여기에다 목적의식적인 수업혁신으로 민주시민교육을 도모한다면 수업 고민은 절로 해결된다고 할 수 있다.

요즘 대세는 모름지기 배움중심 수업혁신이다. 한마디로 말하면 기존의 지식 중심 강의식 교육에서 벗어나 학생활동 중심의 참여수업으로 전환이다. 그것은 미리 정해진 지식을 전달하는 것이 아니라 교사와 학생이 함께 지식을 재구성하고 그 과정에서 서로 배움이 일어나는 수업이다. 구체적인 교사의 수업 지도안을 버리고 함께 듣고 말하고 생각을 표현하는 과정에서 배움이 확장된다. 이 과정에서 교사도 아이들을 통해 배우고 학생들도 서로 배움이 일어난다. 큰 줄기의 철학을 가지되, 역동적인 교실 상황을 그려 볼 수 있으며, 그 내용이 다른 교과 영역을 넘나들며 다양한 이야기를 할 수 있다. 즉 매우 통합적이고 융합적인 수업으로 확장되는 것을 경험할 수 있다.

그동안 교사는 자신의 교과교육 전문가로서 학생들에게 내가 알고 있던 지식을 전하는 역할에 머물러 있었다. 즉, 그전의 지식과 이론을 전달해 주는 기능을 담당했으므로 수업 연구란 얼마나 더 재미있고 새로운 방법으로 아이들을 몰두하게 만드는가에 달려 있었다. 반면에 이제 학교 수업의 새로운 패러다임인 배움중심수업은 수업을 통해 교사와 학생 모두에게 어떤 문제나 주제에 관해 어떤 배움이 일어나는가 하는 철학의 문제이다. 다시 말해 하나의 주제가 연관되어 있는 여러 개의 주제나 문제에 접근할 수 있고 꼬리를 물고 다양한 이야기가 나올 수 있도록 말이다.

3. 광장과 현실의 나는 어떻게 분리되는가?

지난겨울, 주말마다 광화문 광장에 설 때면 나는 민주주의에 대한 신념으로 가득 찼다. 들뜬 마음에 낯선 사람들과도 즐겁게 눈인사를 나누고, 행여 왔을 것 같은 지인들에게 연락을 넣어 보기도 했다. 광장에서는 누구나 갑론을박하며 자기 생각을 꺼낼 수 있고, 누구나 그 이야기에 귀를 기울인다. 성숙한 시민들을 만나고 집으로 돌아왔다. 그러나 현실로 돌아오면 나는 다시 고독한 한 사람에 지나지 않았다. 일상의 동료들은 너무 바빠서 눈빛 교환도 어려웠고, 아이들은 소통의 기본요소인 '듣기'조차 안 되는 경우가 대부분이었다. 나는 거의 녹음테이프처럼 같은 말을 무한 반복해야 했고, 그러다 내 말에 귀 기울이지 않고 떠들며 방해하는 아이들 때문에 화가 나서 소리 지르고 있는 자신을 발견하고는 움찔한다. 월화수목금을 그렇게 살다가 토요일 하루 신천지를 만난 듯 광장에 나가서 민주주의를 외치는 나는 누구인가? 너무나 분리된 두 세계를 동시에 살고 있는 듯하다. 일상에서도 민주주의에 대한 신념을 나눌 수 있는 동료를 만나서 학교를 민주주의가 살아 숨 쉬는 또 하나의 광장으로 만들고 싶다. 여전히 보수성을 띤 학교는 가장 늦은 속도로 변한다. 거기다 교사는 더 느리게 변한다. 그래서 누군가는 "학교에서는 미래를 살 아이들에게 현재를 사는 교사가 과거의 이야기를 가르친다"라고 한 것이리라.

새 학기, 내가 맡은 사회과목에서는 사회적 이슈인 대통령 파면과 대선 국면이 아이들에게 살아 있는 민주주의교육이 되겠다 싶어서 교육과정을 재구성해 '정치' 단원부터 배우고 있다. '정당 만들기' 프로젝트 수업과 '민주주의'에 대해 모둠별로 아이디어를 내서 학습 결과물을 만들고 발표한다. 발표한 내용을 가지고 서로 묻고 답하며 생각을 키워 가기도 한다. 교사로선 아이들이 결과물을 만들기까지 소통 과정에서의 소란스러움을 견뎌야 하는 고충이 있지만, 그것은 아이들이 생산을 위한 '소란스러움'이라 여기고 기꺼이 참을 수 있다. 그런데 다른 모둠이 발표를 할 때, 또는 다른 반에서 발표한 우수한 예를 들어 설명해 줄 때조차 듣지 않고 그저 떠들기만 하는 아이들 때문에 괴로울 때가 많다. 민주적인 수업을 하다 보면 들을 때와 말할 때를 구분하지 못하고 떠들기만 해서 수업을 방해하는 아이들을 어떻게 민주적으로 소통해 갈지가 가장 큰 고민이다. '원래 민주주의는 소란한 것'이라는 말을 떠올리며 이 과정이 민주주의 실천 과정이라 생각하려 애쓰고 있다.

한편 힘들기도 하지만 새 학기부터 야심차게 준비한 민주주의 수업에 많은 아이들이 나름대로 열심히 참여하고 따라 주며 성장하는 모습을 보인다. 하나를 건드리면 서너 개를 알아채고 PPT나 동영상을 만들어 감동을 시키기도 한다. 선거를 배우는 과정에서 어떤 모둠은 즉석에서 색종이를 이어 붙여 어깨띠를 만들고, 연설문을 작성하고, 노래를 개사해 선거 홍보용 로고송을 만들기까지 했다. 이런 작은 활동과 실천들을 통해 아이들도 조금씩 민주주의를 배워 가리라.

6장
이제는 민주시민교육이다

1. 교사는 무엇으로 사는가?

교사는 수업으로 말한다. 교사는 행동으로 말한다. 그리고 교사는 수업과 행동의 결과물인 자존감으로 살아간다. 자존감은 사람들과의 관계 속에서 성장한다. 동료들과 함께 더 좋은 수업을 위한 공부, 지속적인 모임으로 만들어진 네트워크에서 지지와 응원에 힘입어 실천하는 수업, 수업 사례를 공유하는 즐거움, 학교에서 일어나는 크고 작은 고민을 털어놓고 해결책을 찾아가는 동료애, 수업에서 교사-학생 간의 소통의 즐거움, 학생들의 사랑과 지지를 먹고 산다. 그러기 위해서는 행동하는 시민으로의 성장이 필요하다. 자기성장을 위한 꾸준한 노력이 있어야 그것이 체화되어 학교에서 수업으로 나타나고 민주시민의 모델로 행동하게 될 것이다. 혼자서 하는 공부보다 여럿이 함께 교사학습공동체를 하는 것이 가장 좋은 방법이다. 서로를 들여다보는 거울이 되기 때문이다.

좋은 수업을 하고 싶은 것은 모든 교사의 열망이다. 그리고 교사는 시민이다. 민주시민으로서 좋은 모델이 될 수 있는 사람이다. 대한민국 헌법에 명시한 교육의 정치적 중립이란 정치권력으로부터 교육이 영향을 받지 않아야 한다는 것을 의미하며, 교육이 정치의 꼭두각시 노릇을 하지 않아야 한다는 엄중한 요구이다. 그것이 와전되어 마치 교사는 사회에서 논쟁 중인 이슈에 대하여 어떠한 발언도 해서는 안 되는 것으로 만들어 버렸다. 이제는 군사독재의 억압적인 지배 교육의 트라우마에서 벗어나야 할 때이다. 세상에 존재하는 일을, 우리 주변에서 일어나고 있는 일을 마치 없는 일인 것처럼 침묵하는 일이 정치적 중립이 아니다. 다만 하나의 입장만을 강요해서는 안 될 것이다. 여러 가지 주의주장을 안내할 수도 있고, 학생들로 하여금 자발적인 탐구과정과 토론을 할 수 있도록 하는 일이다. 그 과정에서 학생들과 교사 모두 서로 배움이 일어나고 확장될 것이다.

2. 똑똑, 민주시민교육, 함께 하실래요?

2016년 가을부터 2017년 3월 10일 헌법재판소의 전원일치 판결로 '대통령 박근혜를 파면한다'라는 선고가 있기까지 연인원 1700만 명이 참여하여 '박근혜-최순실 국정농단' 사태에 저항한 촛불혁명은 2017년 5월 9일 대한민국 제19대 대통령 선거를 마지막으로 대장정의 막을 내렸다. 이제는 긴 호흡으로 새 정부의 새로운 질서 개편을 기대하고 있다. 진정한 국민주권의 실현은 분노를 넘어서 조직화된 시민의 힘을 발휘해야 한다. 그러기 위해서 질적 도약을 하려면 민주시민교육이 필수적이다. 교육현장에서는 모든 교과에서 모든 교사가 민주시민교육의 담당자가 되어야 한다. 민주주의는 정치뿐만 아니라 일상생활의 원리로 작동해야 하므로 교과수업과 그 외 모든 교육활동, 잠재적 교육과정에서도 민주주의를 학습할 수 있는 교육 환경을 만들어야 하기 때문이다.

그러나 "모든 교사가 모든 교과에서 민주시민교육을 한다"는 것은 달리 말하면 어떤 교과에서도 민주시민교육을 하지 않을 수 있다는 말이다. 실제로 이것이 다수 학교의 현실이다. 민주시민교육 얘기를 꺼내면 "하긴 해야 하는데, 어떻게 해야 할지 잘 몰라서…"라며 멋쩍어 하는 교사들을 흔히 만날 수 있었다. 인성교육은 도덕 교과의 책임으로, 민주시민교육은 사회 교과의 몫으로 여기는 현실에서, '모든 교사는 민주시민교육의 담당자'라는 인식의 변화 없이는 민주시민교육이 광범위하게 뿌리내리기 어렵다. 교과를 막론하고 궁극의 교육 목적은 이 시대가 요구하는 민주시민을 기르는 일이다. 개인의 행복과 함께 공동체의 정의와 번영을 도모하는 것을 교육의 이상으로 여겨야 할 것이다. 배우지 않고는 습득할 수 없는 것이 바로 민주시민성이다. 민주시민의 탄생은 교육을 통해서만 가능하다.

2017년, 아이들과 함께 한 '민주주의 현장답사' 교육 프로그램은 학생, 학부모, 교사에게 모두 환영을 받았다. 가족 단위로 찾기 어려운 역사의 현장을 전문 해설사의 도움을 받으며 진행한 것이라 더욱 그러하였다. 토요일이나 방학 중 쉬는 날을 온전히 내어 아이들을 데리고 다니는 것은 상당한 용기가 필요하다. 그래도 할 수 있을 때에 하는 게 가장 좋다. 어쩌면 아이들에게는 옛날이야기처럼 들리는 민주화운동

현장 곳곳을 직접 탐방한 학생들은 그와 관련한 수업이나 활동에는 남다른 의지를 나타내었다.

민주시민교육은 다양한 매체를 활용할 수 있다. 책을 읽고 난 후에 같이 문제를 찾아보고 이야기 나누기, 영화를 같이 보고 다 같이 생각 나누기를 통해서 성장하기도 한다. 이때 아이들 스스로 주제를 찾고 이야기해 보고 싶은 부분, 또는 질문을 모아서 모둠별로 정리하고 전개하도록 돕는다.

새해가 되어 〈1987〉이라는 영화가 개봉되자, 아이들은 가족 또는 친구끼리 삼삼오오 모여서 영화를 보러 갔다. 영화를 보고 난 뒤에 많은 아이들이 나에게 카톡을 보내기 시작했다. '민주주의 현장답사'를 다녀온 아이들이 대부분이었다. 아이들은 '열 번 듣는 것보다 한번 직접 보는 것이 낫다'는 것을 증명해 주었다.

"선생님, 〈1987〉 영화, 보셨어요? 우리가 갔던 곳이 영화에 그대로 나왔어요. 박종철 열사를 고문하던 남영동 대공분실 509호, 고문 현장이 나오는데 눈물이 나서 견딜 수가 없었어요. 엄청 울었어요. 쌤."

시곡중, 김○현, 사회참여반

"1987년 6월 항쟁 과정에서 이한열 열사가 교문 앞에서 최루탄에 맞아서 피를 흘리며 쓰러지는 장면이 잊히지가 않아요. 우리나라도 독재에 저항하다 죽은 사람들이 얼마나 많은지, 우리가 광주 망월동 민주묘역에서 이한열 열사의 묘를 보았던 일이 생각났어요. 이한열 열사 장례식장에 수많은 시민들이 모여서 그의 죽음을 애도하는 장면 중에서 문익환 목사님이 독재에 저항하다 돌아가신 민주 열사들의 이름을 부르는데 온몸에 소름이 돋아나는 걸 느꼈어요."

시곡중, 송○경, 사회참여반

"선생님, 6월 민주화운동은 절대로 못 잊을 것 같아요. 우리가 8월 2일 직접 답사한 곳이기도 하고 민주주의는 피를 먹고 자란다는 그 말의 뜻을 이제야 알 것 같아요. 독재 정권에 목숨 걸고 저항한 민주시민들 덕분이라는 것을 알게 되었어요. 사람 목숨을 가장 귀하게 여기는 민주주의를 우리가 만들어 가겠습니다. 쌤."

시곡중. 김○준, 사회참여반

'민주주의 현장답사'를 다녀온 아이들은 영화를 본 소감이 남달랐다. 자칫 옛날이야기로 여길 수도 있는 역사적 사실을 촛불집회와도 연관시키는가 하면 인권과 민주주의를 생각하는 힘을 보여 주기도 하였다. 어린아이들의 감수성도 이러한데 586세대 중장년 어른들은 〈1987〉을 보면서 흐느껴 우는 사람들이 많았다. 그것은 〈1987〉 영화 속으로 들어가 30년 전 거리에서 어깨를 걸고 함께 뛰었던 벗들과 20대 청춘의 자신과 만났기 때문일 것이다. 더러는 치열하게 최루탄 연기 가득한 거리에서 보냈을 것이고 더러는 머뭇거리며 구경 내지 방관한 사람들도 있었다. 그러나 모두가 독재의 시퍼런 강을 건너 여기까지 오느라 고생한 동시대인이다. 이런 역사적·사회적 경험을 자기화하는 감수성이 영화를 통해 표출되고 있었다.

3. 성장하는 교사는 아름답다

교사들도 민주시민교육을 학교교육과정에서 접하지 못한 사람들이다. 오히려 지금 교사가 된 사람들은 이렇게 교육 받았다. "사회적 관심을 가지고 참여하고 비판하는 사람이 되지 말고 앞만 보고 가라. 그래서 네 살 길을 찾아라"라고 말이다. 그렇게 세상 속으로 던져졌던 사람들이다. 그저 어릴 적부터 지금까지 경쟁사회에서 살아남는 법을 배우고 또 배운 대로 그것을 가르치는 데에 익숙할지도 모른다. 교사는 학교에서 아이들을 성적으로 평가하고 아이들을 줄 세우는 데에 별 의심을 못한 채 달려왔다.

그러나 이제는 교사들도 변하고 있다. 자기로부터 혁명은 고정된 것이 아니라 역동적으로 살아 움직이는 것이다. 자발성과 주체성을 가지고 자유롭게 인간과 사회에 대한 인문학적 소양을 갖추기 위해 공부하고 이를 표현하고 실천해야 할 것이다. 그러기 위해서 교사연수 또는 자발적 교사학습공동체가 절대적으로 필요하다. 독서와 경청, 토론과 공부는 모두 나도 글쓰기를 하고 나도 내 말을 하고 나를 내 방식대로 표현하기 위해서이다. 교사가 보고 듣고 읽고 토론하고 공부하고 여행하고 연수를 받는 모든 행위는 수업과 학생과의 만남에서 드러날 것이다. 물론 그의 삶을 풍성하게 만들기도 한다. 무엇보다 값진 일은 교사의 성장은 아이들에게 녹아들어 아이들을 변화시키는 동력이 된다는 점이다. 특히 학교현장에서의 진정한 만남, 진정한 배움이 일어나는 수업을 통해 성장하는 교사는 더욱 아름답다.

학교현장에서의 민주시민교육은 아직 초보 수준이라고 할 수 있다.

학교에 '민주시민교육'이란 용어가 들어온 것이 불과 5~6년밖에 되지 않았고 여전히 학교문화는 권위적이다. 보다 체계적이고 지속적인 민주시민교육을 위해서는 국가 수준의 민주시민교육이 이루어져야 한다. 교사학습공동체에서 공부모임을 하거나 혁신학교 교육과정을 운영하면서 스스로 민주시민교육을 수행하는 교사들을 자주 만나게 되는데, 이들은 대부분 40~50대 교사였다. 문득 이들이 모두 퇴직한 십수 년 뒤에도 민주시민교육이 원활히 이루어질까 하는 생각이 들었다. 세대가 바뀌더라도 젊은 교사들이 민주시민교육을 이어 갈 수 있으려면, 체계적이고 지속적인 연수를 통해 민주시민교육에 대한 교사들의 주체적인 역량을 키워야 할 것이다. 학교마다 책임교사를 정해 모든 교과 수업에서 민주시민교육을 실천하도록 도움을 주는 것도 민주시민교육의 한 방법이다. 실제로 관심은 있지만 민주시민교육을 어떻게 해야 할지 그 구체적 방법이나 내용을 알지 못하는 교사들을 위해 구체적으로 도움을 줄 수 있는 전문가(책임) 교사를 원하고 있다.

내가 만난 교사들은 민주시민교육을 해 나가는 과정에서 "나는 민주시민인가? 나는 민주적인 교사인가?"라는 자기 성찰을 통해 교사 스스로 민주시민이 되어 가는 변화와 성장을 경험했다고 말한다. 민주시민교육을 하면서 학생과 더불어 교사에게도 많은 배움이 일어났다고 고백했다. 수업에서 인권, 다양성, 자유, 평등, 노동, 평화와 같은 민주주의 가치를 수업하려면 교사가 먼저 자신의 삶에서 이를 실천하고 있는지 돌아보아야 한다. 학생들 인권을 무시하는 교사는 인권수업을 할 수 없다. 사회적 약자에 대한 차별의식이 내재화된 교사는 평등이나 인권, 다양성을 논하기 어렵다. 타인의 노동에 대한 존경과 연민 없이 어찌 노동의 가치와 그 소중함을 이야기할 수 있을까.

모든 교사에게 학교는 노동의 현장이다. 퇴근 시간이 되면 힘겨웠던 노동의 현장을 벗어나고 싶은 것은 당연하다. 그러나 민주주의가 공짜로 이루어지지 않듯이 교사가 민주시민교육을 하려면 비용을 지불해야 한다. 그 비용이란 시간을 내어 동료들과 함께 수업을 준비하고, 교사들끼리 사회적 논쟁도 해 보며 몸소 민주시민교육을 학습해 가는 과정을 뜻한다. 결코 쉬운 일이 아니지만 그 과정에서 교사 스스로 의식이 변화되고, 마침내 실천으로 나아갈 수 있을 것이다.

민주주의에 대한 신념에 가득 찬 교사일지라도 혼자서 하는 민주시민교육은 너무 외롭고 힘들다. 민주주의란 혼자 열 걸음 앞서가기보다 여럿이 함께 한 걸음 나아가야 더 탄탄하다. 교사는 수업과 생활에서 민주주의라는 사회적 실천을 하는 사람이라고도 규정할 수 있을 것이다. 많은 아이들 곁에 가까이 있는 교사가 민주시민으로서 삶의 모델이 될 때 민주시민교육은 더욱 진일보할 것이다. 민주시민이란 궁극적으로 정치적 제도뿐만 아니라 모든 생활 영역에서 삶의 원리로서 민주주의를 실현해 가는 사람을 뜻하기 때문이다.

결국 민주시민교육의 장은 학교이다. 학교에서는 교사와 학생이 날마다 만난다. 성적 위주의 능력주의, 출세주의, 성과주의에 매몰된 한국 사회에 균열이 일어나야 한다. 일등이 아니어도, 출세하지 않아도, 눈에 보이는 성과에 연연하지 않고 행복한 마음으로 제 갈 길을 묵묵히 갈 수 있는 사회를 만드는 일이 더 중요하다. 그리하여 모두가 각자의 능력을 마음껏 발휘할 수 있는 세상을 만드는 일이다. 민주시민이 성장하는 학교를 만드는 데에 중요한 역할을 하는 사람은 바로 교사이다. 교사는 누구나 인간의 존엄성을 지키며 살아갈 수 있는 정의롭고 민주적인 사회를 스스로 만들어 가도록 촉진하는 사람이다. 교사의 말 한마디가 아이의 마음에 닿으면 그 아이의 삶이 달라진다. 교사는 민주시민교육의 첫 줄에 서 있는 사람이다. 민주시민교육의 첫걸음이다. 우리 아이들은 교사의 발자국을 보고 따라올 것이기 때문이다.

삶의 행복을 꿈꾸는 교육은 어디에서 오는가?

● **교육혁명을 앞당기는 배움책 이야기** 혁신교육의 철학과 잉걸진 미래를 만나다!

한국교육연구네트워크 총서

 01 핀란드 교육혁명
한국교육연구네트워크 엮음 | 320쪽 | 값 15,000원

 02 일제고사를 넘어서
한국교육연구네트워크 엮음 | 284쪽 | 값 13,000원

 03 새로운 사회를 여는 교육혁명
한국교육연구네트워크 엮음 | 380쪽 | 값 17,000원

 04 교장제도 혁명
한국교육연구네트워크 엮음 | 268쪽 | 값 14,000원

 05 새로운 사회를 여는 교육자치 혁명
한국교육연구네트워크 엮음 | 312쪽 | 값 15,000원

 06 혁신학교에 대한 교육학적 성찰
한국교육연구네트워크 엮음 | 308쪽 | 값 15,000원

 07 진보주의 교육의 세계적 동향
한국교육연구네트워크 엮음 | 324쪽 | 값 17,000원
2018 세종도서 학술부문

 08 더 나은 세상을 위한 학교혁명
한국교육연구네트워크 엮음 | 404쪽 | 값 21,000원
2018 세종도서 교양부문

 09 비판적 실천을 위한 교육학
이윤미 외 지음 | 448쪽 | 값 23,000원
2019 세종도서 학술부문

 10 마을교육공동체운동:
세계적 동향과 전망
심성보 외 지음 | 376쪽 | 값 18,000원

 11 학교 민주시민교육의
세계적 동향과 과제
심성보 외 지음 | 308쪽 | 값 16,000원

 12 학교를 민주주의의 정원으로
가꿀 수 있을까?
성열관 외 지음 | 272쪽 | 값 16,000원

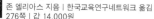
한국교육연구네트워크 번역 총서

 01 프레이리와 교육
존 엘리아스 지음 | 한국교육연구네트워크 옮김
276쪽 | 값 14,000원

 02 교육은 사회를 바꿀 수 있을까?
마이클 애플 지음 | 강희룡·김선우·박원순·이형빈 옮김
356쪽 | 값 16,000원

 03 비판적 페다고지는
세상을 변화시킬 수 있는가?
Seewha Cho 지음 | 심성보·조시화 옮김
280쪽 | 값 14,000원

 04 마이클 애플의 민주학교
마이클 애플·제임스 빈 엮음 | 강희룡 옮김
276쪽 | 값 14,000원

 05 21세기 교육과 민주주의
넬 나딩스 지음 | 심성보 옮김 | 392쪽 | 값 18,000원

 06 세계교육개혁:
민영화 우선인가 공적 투자 강화인가?
린다 달링-해먼드 외 지음 | 심성보 외 옮김 | 408쪽 | 값 21,000원

 07 콩도르세, 공교육에 관한 다섯 논문
니콜라 드 콩도르세 지음 | 이주환 옮김
300쪽 | 값 16,000원

 08 학교를 변론하다
얀 마스켈라인·마틴 시몬스 지음 | 윤선인 옮김
252쪽 | 값 15,000원

 09 존 듀이와 교육
짐 개리슨 외 지음 | 김세희 외 옮김
372쪽 | 값 19,000원

10 진보주의 교육운동사
윌리엄 헤이스 지음 | 심성보 외 옮김
324쪽 | 값 18,000원

 혁신학교
성열관·이순철 지음 | 224쪽 | 값 12,000원

 행복한 혁신학교 만들기
초등교육과정연구모임 지음 | 264쪽 | 값 13,000원

 서울형 혁신학교 이야기
이부영 지음 | 320쪽 | 값 15,000원

 대한민국 교사, 어떻게 가르칠 것인가?
윤성관 지음 | 320쪽 | 값 15,000원

 아이들을 어떻게 가르칠 것인가
사토 마나부 지음 | 박찬영 옮김 | 232쪽 | 값 13,000원

 모두를 위한 국제이해교육
한국국제이해교육학회 지음 | 364쪽 | 값 16,000원

● 비고츠키 선집 시리즈 발달과 협력의 교육학 어떻게 읽을 것인가?

생각과 말
레프 세묘노비치 비고츠키 지음
배희철·김용호·D. 켈로그 옮김 | 690쪽 | 값 33,000원

도구와 기호
비고츠키·루리야 지음 | 비고츠키 연구회 옮김
336쪽 | 값 16,000원

어린이 자기행동숙달의 역사와 발달 I
L.S. 비고츠키 지음 | 비고츠키 연구회 옮김
564쪽 | 값 28,000원

어린이 자기행동숙달의 역사와 발달 II
L.S. 비고츠키 지음 | 비고츠키 연구회 옮김
552쪽 | 값 28,000원

어린이의 상상과 창조
L.S. 비고츠키 지음 | 비고츠키 연구회 옮김
280쪽 | 값 15,000원

비고츠키와 인지 발달의 비밀
A.R. 루리야 지음 | 배희철 옮김 | 280쪽 | 값 15,000원

정서학설 I
L.S. 비고츠키 지음 | 비고츠키 연구회 옮김
584쪽 | 값 35,000원

수업과 수업 사이
비고츠키 연구회 지음 | 196쪽 | 값 12,000원

비고츠키의 발달교육이란 무엇인가?
비고츠키교육학실천연구모임 지음 | 412쪽 | 값 21,000원

비고츠키 철학으로 본 핀란드 교육과정
배희철 지음 | 456쪽 | 값 23,000원

성장과 분화
L.S. 비고츠키 지음 | 비고츠키 연구회 옮김
308쪽 | 값 15,000원

연령과 위기
L.S. 비고츠키 지음 | 비고츠키 연구회 옮김
336쪽 | 값 17,000원

의식과 숙달
L.S 비고츠키 | 비고츠키 연구회 옮김
348쪽 | 값 17,000원

분열과 사랑
L.S. 비고츠키 지음 | 비고츠키 연구회 옮김
260쪽 | 값 16,000원

성애와 갈등
L.S. 비고츠키 지음 | 비고츠키 연구회 옮김
268쪽 | 값 17,000원

흥미와 개념
L.S. 비고츠키 지음 | 비고츠키 연구회 옮김
408쪽 | 값 21,000원

관계의 교육학, 비고츠키
진보교육연구소 비고츠키교육학실천연구모임 지음
300쪽 | 값 15,000원

비고츠키 생각과 말 쉽게 읽기
진보교육연구소 비고츠키교육학실천연구모임 지음
316쪽 | 값 15,000원

교사와 부모를 위한 비고츠키 교육학
카르포프 지음 | 실천교사번역팀 옮김
308쪽 | 값 15,000원

혁신교육, 철학을 만나다
브렌트 데이비스·데니스 수마라 지음
현인철·서용선 옮김 | 304쪽 | 값 15,000원

혁신교육 존 듀이에게 묻다
서용선 지음 | 292쪽 | 값 14,000원

다시 읽는 조선 교육사
이만규 지음 | 750쪽 | 값 33,000원

대한민국 교육혁명
교육혁명공동행동 연구위원회 지음
224쪽 | 값 12,000원

경쟁을 넘어 발달 교육으로
현광일 지음 | 288쪽 | 값 14,000원

독일 교육, 왜 강한가?
박성희 지음 | 324쪽 | 값 15,000원

핀란드 교육의 기적
한넬레 니에미 외 엮음 | 장수명 외 옮김
456쪽 | 값 23,000원

한국 교육의 현실과 전망
심성보 지음 | 724쪽 | 값 35,000원

● 교과서 밖에서 만나는 역사 교실 상식이 통하는 살아 있는 역사를 만나다

전봉준과 동학농민혁명
조광환 지음 | 336쪽 | 값 15,000원

남도의 기억을 걷다
노성태 지음 | 344쪽 | 값 14,000원

응답하라 한국사 1·2
김은석 지음 | 356쪽·368쪽 | 각권 값 15,000원

즐거운 국사수업 32강
김남선 지음 | 280쪽 | 값 11,000원

즐거운 세계사 수업
김은석 지음 | 328쪽 | 값 13,000원

강화도의 기억을 걷다
최보길 지음 | 276쪽 | 값 14,000원

광주의 기억을 걷다
노성태 지음 | 348쪽 | 값 15,000원

선생님도 궁금해하는
한국사의 비밀 20가지
김은석 지음 | 312쪽 | 값 15,000원

걸림돌
키르스텐 세룹-빌펠트 지음 | 문봉애 옮김
248쪽 | 값 13,000원

역사수업을 부탁해
열 사람의 한 걸음 지음 | 388쪽 | 값 18,000원

진실과 거짓, 인물 한국사
하성환 지음 | 400쪽 | 값 18,000원

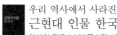
우리 역사에서 사라진
근현대 인물 한국사
하성환 지음 | 296쪽 | 값 18,000원

꼬물꼬물 거꾸로 역사수업
역모자들 지음 | 436쪽 | 값 23,000원

즐거운 동아시아사 수업
김은석 지음 | 240쪽 | 값 15,000원

노성태, 역사의 길을 걷다
노성태 지음 | 324쪽 | 값 17,000원

교과서 밖에서 배우는 역사 공부
정은교 지음 | 292쪽 | 값 14,000원

팔만대장경도 모르면 빨래판이다
전병철 지음 | 360쪽 | 값 16,000원

빨래판도 잘 보면 팔만대장경이다
전병철 지음 | 360쪽 | 값 16,000원

영화는 역사다
강성률 지음 | 288쪽 | 값 13,000원

친일 영화의 해부학
강성률 지음 | 264쪽 | 값 15,000원

한국 고대사의 비밀
김은석 지음 | 304쪽 | 값 13,000원

조선족 근현대 교육사
정미량 지음 | 320쪽 | 값 15,000원

다시 읽는 조선근대 교육의 사상과 운동
윤건차 지음 | 이명실·심성보 옮김 | 516쪽 | 값 25,000원

음악과 함께 떠나는 세계의 혁명 이야기
조광환 지음 | 292쪽 | 값 15,000원

논쟁으로 보는 일본 근대 교육의 역사
이명실 지음 | 324쪽 | 값 17,000원

다시, 독립의 기억을 걷다
노성태 지음 | 320쪽 | 값 16,000원

한국사 리뷰
김은석 지음 | 244쪽 | 값 15,000원

경남의 기억을 걷다
류형진 외 지음 | 564쪽 | 값 28,000원

어제와 오늘이 만나는 교실
학생과 교사의 역사수업 에세이
정진경 외 지음 | 328쪽 | 값 17,000원

우리 역사에서 왜곡되고 사라진
근현대 인물 한국사
하성환 지음 | 348쪽 | 값 18,000원

통하는 공부
김태호·김형우·이경석·심우근·허진만 지음
324쪽 | 값 15,000원

내일 수업 어떻게 하지?
아이함께 지음 | 300쪽 | 값 15,000원
2015 세종도서 교양부문

인간 회복의 교육
성래운 지음 | 260쪽 | 값 13,000원

교과서 너머 교육과정 마주하기
이윤미 외 지음 | 368쪽 | 값 17,000원

수업 고수들
수업·교육과정·평가를 말하다
박현숙 외 지음 | 368쪽 | 값 17,000원

도덕 수업, 책으로 묻고 윤리로 답하다
울산도덕교사모임 지음 | 320쪽 | 값 15,000원

체육 교사, 수업을 말하다
전용진 지음 | 304쪽 | 값 15,000원

교실을 위한 프레이리
아이러 쇼어 엮음 | 사람대사람 옮김
412쪽 | 값 18,000원

마을교육공동체란 무엇인가?
서용선 외 지음 | 360쪽 | 값 17,000원

교사, 학교를 바꾸다
정진화 지음 | 372쪽 | 값 17,000원

함께 배움
학생 주도 배움 중심 수업 이렇게 한다
니시카와 준 지음 | 백경석 옮김 | 280쪽 | 값 15,000원

공교육은 왜?
홍섭근 지음 | 352쪽 | 값 16,000원

자기혁신과 공동의 성장을 위한
교사들의 필리버스터
윤양수·원종희·장군·조경삼 지음 | 280쪽 | 값 14,000원

함께 배움 이렇게 시작한다
니시카와 준 지음 | 백경석 옮김 | 196쪽 | 값 12,000원

함께 배움 교사의 말하기
니시카와 준 지음 | 백경석 옮김 | 188쪽 | 값 12,000원

교육과정 통합, 어떻게 할 것인가?
성열관 외 지음 | 192쪽 | 값 13,000원

학교 혁신의 길, 아이들에게 묻다
남궁상운 외 지음 | 272쪽 | 값 15,000원

미래교육의 열쇠, 창의적 문화교육
심광현·노명우·강정석 지음 | 368쪽 | 값 16,000원

주제통합수업,
아이들을 수업의 주인공으로!
이윤미 외 지음 | 392쪽 | 값 17,000원

수업과 교육의 지평을 확장하는 수업 비평
윤양수 지음 | 316쪽 | 값 15,000원
2014 문화체육관광부 우수교양도서

교사, 선생이 되다
김태은 외 지음 | 260쪽 | 값 13,000원

교사의 전문성, 어떻게 만들어지나
국제교원노조연맹 보고서 | 김석규 옮김
392쪽 | 값 17,000원

수업의 정치
윤양수·원종희·장군 지음 | 280쪽 | 값 14,000원

학교협동조합,
현장체험학습과 마을교육공동체를 잇다
주수원 외 지음 | 296쪽 | 값 15,000원

거꾸로 교실,
잠자는 아이들을 깨우는 수업의 비밀
이민경 지음 | 280쪽 | 값 14,000원

교사는 무엇으로 사는가
정은균 지음 | 292쪽 | 값 15,000원

마음의 힘을 기르는 감성수업
조선미 외 지음 | 300쪽 | 값 15,000원

작은 학교 아이들
지경준 엮음 | 376쪽 | 값 17,000원

아이들의 배움은 어떻게 깊어지는가
이시이 준지 지음 | 방지현·이창희 옮김
200쪽 | 값 11,000원

대한민국 입시혁명
참교육연구소 입시연구팀 지음 | 220쪽 | 값 12,000원

교사를 세우는 교육과정
박승열 지음 | 312쪽 | 값 15,000원

전국 17명 교육감들과 나눈 교육 대담
최창의 대담·기록 | 272쪽 | 값 15,000원

들뢰즈와 가타리를 통해 유아교육 읽기
리세롯 마리엣 올슨 지음 | 이연선 외 옮김
328쪽 | 값 17,000원

학교 민주주의의 불한당들
정은균 지음 | 276쪽 | 값 14,000원

프레이리의 사상과 실천
사람대사람 지음 | 352쪽 | 값 18,000원
2018 세종도서 학술부문

혁신학교, 한국 교육의 미래를 열다
송순재 외 지음 | 608쪽 | 값 30,000원

페다고지를 위하여
프레네의 『페다고지 불변요소』 읽기
박찬영 지음 | 296쪽 | 값 15,000원

노자와 탈현대 문명
홍승표 지음 | 284쪽 | 값 15,000원

선생님, 민주시민교육이 뭐예요?
염경미 지음 | 244쪽 | 값 15,000원

어쩌다 혁신학교
유우석 외 지음 | 380쪽 | 값 17,000원

미래, 교육을 묻다
정광필 지음 | 232쪽 | 값 15,000원

대학, 협동조합으로 교육하라
박주희 외 지음 | 252쪽 | 값 15,000원

입시, 어떻게 바꿀 것인가?
노기원 지음 | 306쪽 | 값 15,000원

촛불시대, 혁신교육을 말하다
이용관 지음 | 240쪽 | 값 15,000원

라운드 스터디
이시이 데루마사 외 엮음 | 224쪽 | 값 15,000원

미래교육을 디자인하는 학교교육과정
박승열 외 지음 | 348쪽 | 값 18,000원

흥미진진한 아일랜드 전환학년 이야기
제리 제퍼스 지음 | 최상덕·김호원 옮김 | 508쪽 | 값 27,000원
2019 대한민국학술원우수학술도서

폭력 교실에 맞서는 용기
따돌림사회연구모임 학급운영팀 지음
272쪽 | 값 15,000원

그래도 혁신학교
박은혜 외 지음 | 248쪽 | 값 15,000원

학교는 어떤 공동체인가?
성열관 외 지음 | 228쪽 | 값 15,000원

교사 전쟁
다나 골드스타인 지음 | 유성상 외 옮김
468쪽 | 값 23,000원

시민, 학교에 가다
최형규 지음 | 260쪽 | 값 15,000원

교육과정, 수업, 평가의 일체화
리사 카터 지음 | 박승열 외 옮김 | 196쪽 | 값 13,000원

학교를 개선하는 교장
지속가능한 학교 혁신을 위한 실천 전략
마이클 풀란 지음 | 서동연·정효준 옮김 | 216쪽 | 값 13,000원

공자뎐, 논어는 이것이다
유문상 지음 | 392쪽 | 값 18,000원

교사와 부모를 위한
발달교육이란 무엇인가?
현광일 지음 | 380쪽 | 값 18,000원

교사, 이오덕에게 길을 묻다
이무완 지음 | 328쪽 | 값 15,000원

낙오자 없는 스웨덴 교육
레이프 스트란드베리 지음 | 변광수 옮김
208쪽 | 값 13,000원

끝나지 않은 마지막 수업
장석웅 지음 | 328쪽 | 값 20,000원

경기꿈의학교
진흥섭 외 지음 | 360쪽 | 값 17,000원

학교를 말한다
이성우 지음 | 292쪽 | 값 15,000원

행복도시 세종,
혁신교육으로 디자인하다
곽순일 외 지음 | 392쪽 | 값 18,000원

나는 거꾸로 교실 거꾸로 교사
류광모·임정훈 지음 | 212쪽 | 값 13,000원

교실 속으로 간 이해중심 교육과정
온정덕 외 지음 | 224쪽 | 값 13,000원

교실, 평화를 말하다
따돌림사회연구모임 초등우정팀 지음
268쪽 | 값 15,000원

학교자율운영 2.0
김용 지음 | 240쪽 | 값 15,000원

학교자치를 부탁해
유우석 외 지음 | 252쪽 | 값 15,000원

국제이해교육 페다고지
강순원 외 지음 | 256쪽 | 값 15,000원

선생님, 페미니즘이 뭐예요?
염경미 지음 | 280쪽 | 값 15,000원

평화의 교육과정 섬김의 리더십
이준원·이형빈 지음 | 292쪽 | 값 16,000원

학교를 살리는 회복적 생활교육
김민자·이순영·정선영 지음 | 256쪽 | 값 15,000원

 교사를 위한 교육학 강의
이형빈 지음 | 336쪽 | 값 17,000원

 새로운학교 학생을 날게 하다
새로운학교네트워크 총서 02 | 408쪽 | 값 20,000원

 세월호가 묻고 교육이 답하다
경기도교육연구원 지음 | 214쪽 | 값 13,000원

 미래교육, 어떻게 만들어갈 것인가?
송기상·김성천 지음 | 300쪽 | 값 16,000원
2019 세종도서 교양부문

 교육에 대한 오해
우문영 지음 | 224쪽 | 값 15,000원

 혁신교육지구 현장을 가다
이용운 외 4인 지음 | 344쪽 | 값 18,000원

 배움의 독립선언, 평생학습
정민승 지음 | 240쪽 | 값 15,000원

 교육혁신의 시대 **배움의 공간을 상상하다**
함영기 외 지음 | 264쪽 | 값 17,000원

 서울의 마을교육
이용운 외 지음 | 352쪽 | 값 18,000원

 평화와 인성을 키우는 자기우정
따돌림사회연구모임 우정팀 지음 | 240쪽 | 값 15,000원

 수포자의 시대
김성수·이형빈 지음 | 252쪽 | 값 15,000원

 혁신학교와 실천적 교육과정
신은희 지음 | 236쪽 | 값 15,000원

 삶의 시간을 잇는 문화예술교육
고영직 지음 | 292쪽 | 값 16,000원

 혐오, 교실에 들어오다
이혜정 외 지음 | 232쪽 | 값 15,000원

 혁신교육지구와 마을교육공동체는 **어떻게 만들어지는가?**
김태정 지음 | 376쪽 | 값 18,000원

 선생님, 특성화고 자기소개서 어떻게 써요?
이지영 지음 | 322쪽 | 값 17,000원

 학생과 교사, 수업을 묻다
전용진 지음 | 344쪽 | 값 18,000원

 혁신학교의 꽃, 교육과정 다시 그리기
안재일 지음 | 344쪽 | 값 18,000원

 학습격차 해소를 위한 새로운 도전 보편적 학습설계 수업
조윤정 외 지음 | 225쪽 | 값 15,000원

 물질과의 새로운 만남
베로니카 파치니-케처바우 지음 | 240쪽 | 값 15,000원

 미래교육을 열어가는 **배움중심 원격수업**
이윤서 외 지음 | 332쪽 | 값 17,000원

● **살림터 참교육 문예 시리즈** 영혼이 있는 삶을 가르치는 온 선생님을 만나다!

 꽃보다 귀한 우리 아이는
조재도 지음 | 244쪽 | 값 12,000원

 성깔 있는 나무들
최은숙 지음 | 244쪽 | 값 12,000원

 아이들에게 세상을 배웠네
명혜정 지음 | 240쪽 | 값 12,000원

 밥상에서 세상으로
김흥숙 지음 | 280쪽 | 값 13,000원

 우물쭈물하다 끝난 교사 이야기
유기창 지음 | 380쪽 | 값 17,000원

 오천년을 사는 여자
염경미 지음 | 272쪽 | 값 16,000원

 선생님이 먼저 때렸는데요
강병철 지음 | 248쪽 | 값 12,000원

 서울 여자, 시골 선생님 되다
조경선 지음 | 252쪽 | 값 12,000원

 행복한 창의 교육
최창의 지음 | 328쪽 | 값 15,000원

 북유럽 교육 기행
정애경 외 14인 지음 | 288쪽 | 값 14,000원

 시험 시간에 웃은 건 처음이에요
조규선 지음 | 252쪽 | 값 15,000원

 다정한 교실에서 20,000시간
강정희 지음 | 296쪽 | 값 16,000원

● 더불어 사는 정의로운 세상을 여는 인문사회과학 사람의 존엄과 평등의 가치를 배운다

 밥상혁명
강양구·강이현 지음 | 298쪽 | 값 13,800원

 도덕 교과서 무엇이 문제인가?
김대용 지음 | 272쪽 | 값 14,000원

 자율주의와 진보교육
조엘 스프링 지음 | 심성보 옮김 | 320쪽 | 값 15,000원

 민주화 이후의 공동체 교육
심성보 지음 | 392쪽 | 값 15,000원
2009 문화체육관광부 우수학술도서

 갈등을 넘어 협력 사회로
이창언·오수길·유문종·신윤관 지음
280쪽 | 값 15,000원

 동양사상과 마음교육
정재걸 외 지음 | 356쪽 | 값 16,000원
2015 세종도서 학술부문

 교과서 밖에서 배우는 철학 공부
정은교 지음 | 280쪽 | 값 14,000원

 교과서 밖에서 배우는 사회 공부
정은교 지음 | 304쪽 | 값 15,000원

 교과서 밖에서 배우는 윤리 공부
정은교 지음 | 292쪽 | 값 15,000원

 한글 혁명
김슬옹 지음 | 388쪽 | 값 18,000원

 우리 안의 미래교육
정재걸 지음 | 484쪽 | 값 25,000원

 왜 그는 한국으로 돌아왔는가?
황선준 지음 | 364쪽 | 값 17,000원
2019 세종도서 교양부문

 공간, 문화, 정치의 생태학
현광일 지음 | 232쪽 | 값 15,000원

 인공지능 시대의 사회학적 상상력
홍승표 지음 | 260쪽 | 값 15,000원

 동양사상과 인간 그리고 사회
이현지 지음 | 418쪽 | 값 21,000원

 장자와 탈현대
정재걸 외 지음 | 424쪽 | 값 21,000원

 놀자선생의 놀이인문학
진용근 지음 | 380쪽 | 값 185,000원

 포스트 코로나 시대, 예술과 정치
현광일 지음 | 288쪽 | 값 16,000원

 좌우지간 인권이다
안경환 지음 | 288쪽 | 값 13,000원

 민주시민교육
심성보 지음 | 544쪽 | 값 25,000원

 민주시민을 위한 도덕교육
심성보 지음 | 500쪽 | 값 25,000원
2015 세종도서 학술부문

 교과서 밖에서 배우는 인문학 공부
정은교 지음 | 280쪽 | 값 13,000원

 오래된 미래교육
정재걸 지음 | 392쪽 | 값 18,000원

 대한민국 의료혁명
전국보건의료산업노동조합 엮음 | 548쪽 | 값 25,000원

 교과서 밖에서 배우는 고전 공부
정은교 지음 | 288쪽 | 값 14,000원

 전체 안의 전체 사고 속의 사고
김우창의 인문학을 읽다
현광일 지음 | 320쪽 | 값 15,000원

 카스트로, 종교를 말하다
피델 카스트로·프레이 베토 대담 | 조세종 옮김
420쪽 | 값 21,000원

 일제강점기 한국철학
이태우 지음 | 448쪽 | 값 25,000원

 한국 교육 제4의 길을 찾다
이길상 지음 | 400쪽 | 값 21,000원
2019 세종도서 학술부문

 마을교육공동체 생태적 의미와 실천
김용련 지음 | 256쪽 | 값 15,000원

 교육과정에서 왜 지식이 중요한가
심성보 지음 | 440쪽 | 값 23,000원

 식물에게서 교육을 배우다
이차영 지음 | 260쪽 | 값 15,000원

 왜 전태일인가
송필경 지음 | 236쪽 | 값 17,000원

 한국 세계시민교육이 나아갈 길을 묻다
유네스코태평양 국제이해교육원 지음 | 260쪽 | 값 18,000원

 **코로나 시대,
마을교육공동체 운동과 생태적 교육학**
심성보 지음 | 280쪽 | 값 17,000원

● 평화샘 프로젝트 매뉴얼 시리즈 학교폭력에 대한 근본적인 예방과 대책을 찾는다

학교폭력 어떻게 만들어지는가
문재현 외 지음 | 300쪽 | 값 14,000원

아이들을 살리는 동네
문재현·신동명·김수동 지음 | 204쪽 | 값 10,000원

학교폭력, 멈춰!
문재현 외 지음 | 348쪽 | 값 15,000원

평화! 행복한 학교의 시작
문재현 외 지음 | 252쪽 | 값 12,000원

왕따, 이렇게 해결할 수 있다
문재현 외 지음 | 236쪽 | 값 12,000원

마을에 배움의 길이 있다
문재현 지음 | 208쪽 | 값 10,000원

젊은 부모를 위한 백만 년의 육아 슬기
문재현 지음 | 248쪽 | 값 13,000원

별자리, 인류의 이야기 주머니
문재현·문한뫼 지음 | 444쪽 | 값 20,000원

우리는 마을에 산다
유양우·신동명·김수동·문재현 지음
312쪽 | 값 15,000원

동생아, 우리 뭐 하고 놀까?
문재현 외 지음 | 280쪽 | 값 15,000원

누가, 학교폭력 해결을 가로막는가?
문재현 외 지음 | 312쪽 | 값 15,000원

코로나 19가 앞당긴 미래, 마을에서 찾는 배움길
문재현 외 지음 | 308쪽 | 값 16,000원

● 남북이 하나 되는 두물머리 평화교육 분단 극복을 위한 치열한 배움과 실천을 만나다

10년 후 통일
정동영·지승호 지음 | 328쪽 | 값 15,000원

선생님, 통일이 뭐예요?
정경호 지음 | 252쪽 | 값 13,000원

분단시대의 통일교육
성래운 지음 | 428쪽 | 값 18,000원

김창환 교수의 DMZ 지리 이야기
김창환 지음 | 264쪽 | 값 15,000원

한반도 평화교육 어떻게 할 것인가
이기범 외 지음 | 252쪽 | 값 15,000원

포괄적 평화교육
베티 리어든 지음 | 강순원 옮김 | 252쪽 | 값 17,000원

● 창의적인 협력 수업을 지향하는 삶이 있는 국어 교실 우리말 글을 배우며 세상을 배운다

중학교 국어 수업 어떻게 할 것인가?
김미경 지음 | 340쪽 | 값 15,000원

토론의 숲에서 나를 만나다
명혜정 엮음 | 312쪽 | 값 15,000원

토닥토닥 토론해요
명혜정·이명선·조선미 엮음 | 288쪽 | 값 15,000원

인문학의 숲을 거니는 토론 수업
순천국어교사모임 엮음 | 308쪽 | 값 15,000원

어린이와 시
오인태 지음 | 192쪽 | 값 12,000원

수업, 슬로리딩과 함께
박경숙 외 지음 | 268쪽 | 값 15,000원

언어던
정은균 지음 | 268쪽 | 값 15,000원
2019 세종도서 교양부문

민촌 이기영 평전
이성렬 지음 | 508쪽 | 값 20,000원

감각의 갱신, 화장하는 인민
남북문학예술연구회 | 380쪽 | 값 19,000원